Marcella Barth · Ursula Markus

Alles über Körpersprache der Kinder

Marcella Barth · Ursula Markus

Alles über Körpersprache der Kinder

Ravensburger Buchverlag

Umschlag- und Layoutkonzeption:
Kraxenberger Kommunikation
Umschlaggestaltung: Ekkehard Drechsel BDG
Fotos und Umschlagfotos: Ursula Markus
Redaktion: Lorelies Scheiner
Gesamtherstellung: Appl, Wemding
Printed in Germany

99 98 97 96 4 3 2 1

ISBN 3-473-42690-3

Die Deutsche Bibliothek – CIP Einheitsaufnahme

Alles über Körpersprache der Kinder /
Marcella Barth; Ursula Markus. [Red.: Lorelies Scheiner].–
Ravensburg: Ravensburger Buchverl., 1996
ISBN 3-473-42690-3
NE: Barth, Marcella ; Markus, Ursula, Scheiner [Red.]

Inhalt

Sprechen Sie Körpersprache?

Probehalber fragte ich in meinem Bekanntenkreis herum: „Was verstehst du unter Körpersprache?" Die Reaktionen fielen durchweg ähnlich aus: „Jaa...", Schulterzucken. „Hmmm...", Augenbrauen bewegten sich nach oben. „Körpersprache ist so, wie sich jemand bewegt; der Gang oder so." Lippen stülpten sich nach vorne. Mein ganzes Gegenüber war eine einzige Körperaussage. „Und bei Kindern?" hakte ich nach. „Ähem tja..." Die Hände meines Gesprächspartners zeigten mit der Fläche nach oben. Es war wirklich erstaunlich. Alle von mir Befragten antworteten mir in Körpersprache. Sie zogen die Schultern und die Augenbrauen hoch, die Mundwinkel hingegen nach unten und machten mit den Händen eine Geste der Ratlosigkeit. Aber ansonsten schien der Begriff keine großen Reaktionen auszulösen.

Das ist eigentlich nicht verwunderlich. Man kann ein ganzes Leben lang die Körpersprache seiner Mitmenschen intuitiv verstehen und sie selber praktizieren, ohne auch nur je einen Gedanken daran verschwendet zu haben. So sehr ist sie uns in Fleisch und Blut übergangen, daß wir nie darüber nachgrübeln müssen; es sei denn, wir wollen uns zum Schauspieler ausbilden lassen oder zum Gehörlosenlehrer – da gehört eine bestimmte Form von Körpersprache zum Handwerk.

Körpersprache ist ein schillernder Begriff. Da gibt es die Mimik (das Spiel der Gesichtszüge), die Gestik (Gebärden und ihre Bedeutung), die Haltung (die Pose beim Stehen oder der Gang beim Körper in Bewegung). Wozu gehört nun das Phänomen, daß jemand errötet oder erbleicht? Handelt es sich um eine Drohgebärde, wenn ein Säugling seine Fäustchen ballt? Wieso erkennen wir am Lächeln unseres Freundes sofort, daß allen seinen gegenteiligen Beteuerungen zum Trotz, irgend etwas ganz und gar nicht in Ordnung ist? Gehören ein Streicheln, eine Umarmung, ein Kuß – diese „Sprachen" des Körpers par exellence – strenggenommen auch zur Körpersprache? Wie steht es mit dem Gähnen und dem Niesen? Und will der Körper gar mit uns selber sprechen, wenn er uns „was hustet"?

Diese Fragen lassen eine Ahnung von der Vielschichtigkeit und der Reichweite des Themas aufkommen. Dazu ein Beispiel:

Ich winke mein Kind mit dem gekrümmten Zeigefinger heran. Eine überall bekannte Geste. Was passiert?

Variante 1: Es kommt freudig zu mir hergerannt.

Variante 2: Es kommt widerwillig, zögernd angeschlurft.

Variante 3: Es verschwindet um die nächste Ecke.

Was hat diese verschiedenen Reaktionen bewirkt? Der Zeigfinger ist unschuldig, der hat nur gewinkt. Im ersten Fall verhieß meine Miene eine freudige Überraschung. Im zweiten Fall signalisierten die mißmutig zusammengezogenen Augenbrauen eine Strafpredigt. Und im dritten Fall ließen meine Zornfalte und der drohende Blick das Kind gleich Reißaus nehmen.

Unser Auge und unser Gespür sind so gut trainiert, daß wir die Körpersprache immer blitzschnell als Gesamtbild interpretieren können. Einzelne Gesten mögen zwar eine gewisse Bedeutung haben,

aber es kommt immer auf den ganzen Zusammenhang an.
Es ist auch nicht gleichgültig, wie dieser Körper ausstaffiert ist und wo er sich befindet. Nehmen wir nochmals die Hand: Winkt der Nachbar damit, so ist dies ein netter Gruß. Ist sie mit einem Polizisten-Handschuh bekleidet, fühlen wir uns als Verkehrssünder ertappt. Wird die Hand aber von einem Glacé-Handschuh umhüllt und wedelt huldvoll aus einer Staats-Limousine, brechen wir in Beifall aus. Steckt ein Bischofsring daran, muß sie geküßt werden. Spendet sie päpstlichen Segen von der Peterskirche, zwingt sie Millionen Menschen in die Knie. Hält sie einen Säbel, eine Mistgabel oder einen Luftballon, machen wir uns sofort ein Bild über ihren „Besitzer“, genauso, wenn sie rauh und rissig, sorgfältig manikürt oder mit Trauerrändern unter den Nägeln erscheint.
Als Einstieg ins Thema möchte ich Ihnen vier kleine Übungen vorschlagen:

- Betrachten Sie in nächster Zeit die Fotos in Zeitschriften und Zeitungen, ohne nach den Bildunterschriften zu schielen. Sie werden überrascht sein, was sich alles aus den Haltungen, Gesten und Posen der Politiker, Prominenten, Modelle und sonstigen Größen herauslesen läßt.
- Konzentrieren Sie sich beim Plaudern in geselliger Runde oder beim Zusammensein mit Ihren Kindern auf Aussagen in Körpersprache. So viel sei verraten: Meist läßt sich dieser Vorsatz nur kurze Zeit befolgen, und schon sind wir wieder durch den Gesprächsinhalt abgelenkt.
- Betrachten Sie das untenstehende Foto. Als Information nur das: Es handelt sich um einen Freiluft-Theater-Anlaß.
- Blättern Sie dieses Buch zuerst einmal durch, ohne auf den Text zu achten. Vielleicht werden Sie überrascht sein von der Bandbreite der Körpersprache und es ergeht Ihnen wie dieser Freundin, die dazu sagte: „Wenn ich all die Kinder auf den Fotos sehe, bekomme ich plötzlich Lust, mein Kind genauer anzuschauen. Im Alltag ist man irgendwie zu ‚nahe dran‘.“

Und das wäre denn auch der Zweck dieses Buches: Der Körpersprache ein Ohr zu leihen, das heißt den Blick für sie zu schärfen.

Immer wenn Menschen zusammenkommen, egal in welchem Alter und in welcher Situation, sie kommunizieren in Körpersprache miteinander. Manchmal weichen die Botschaften in Körpersprache von den verbalen Botschaften ab. Das kann dann zu Verwirrung und Irritation führen.

Die Sprache der Hände

Es ist ja nur logisch, daß den Händen eine herausragende Bedeutung in der Körpersprache zufällt: sie sind so günstig an den Armen befestigt, daß sie sich in alle Richtungen bewegen lassen und deutliche Zeichen geben können. Sie sind wie die Zeiger einer Uhr; und der Mittelfinger bildet zudem noch eine markante Spitze.
Ein Säugling kennt noch keine Gesten. Seine Hände gehören mit den Armen und allen anderen Gliedern zusammen zu einem unbestimmten Körperganzen. Er trennt noch nicht zwischen Innen- und Außenwelt. Erst mit etwa vier Monaten entdeckt das Baby seine Hände (Handbewegungen waren bis dahin Reflexe) und macht sie zu seinen Spielkameraden, die allerdings noch sehr unberechenbar sind. Mit wachsender Geschicklichkeit werden sie immer mehr zu den Allround-Werkzeugen, die im menschlichen Dasein eine so große Rolle spielen.
Fängt das Kind zu krabbeln an, schickt es die Hände wie die Vorhut einer Truppe bei seinen Streifzügen voraus. Sie müssen alles testen, nach allem greifen, was da die Bahn kreuzt. Und nur indem alles ausgiebig betastet, in den Mund gesteckt und mit der sensiblen Zunge belutscht und beleckt wird, nur über diesen körperlichen Kontakt, kann das Baby all die tausend Sachen seiner Umgebung nach und nach „be-greifen".
Schon tauchen die ersten Spielformen auf: Gegenstände vom Sitz auf den Boden werfen, und

Kinder brauchen ihre Hände, um ihre Wünsche zu zeigen. Sie nehmen uns an der Hand, führen uns zu einem Regal und deuten auf den Gegenstand, den wir herunterholen sollen. Falls der Erwachsene nicht verstehen will, kann die Körpersprache verstärkt werden: Da wird dann am Hosenbein gezupft, am Rocksaum gezerrt, die Hand fest gepackt und mit dem ganzen Gewicht in die gewünschte Richtung gelenkt, bis wir endlich fast vom Stuhl kippen und uns bequemen, der Aufforderung Folge zu leisten.
Merke: Körpersprache kann mitunter ganz schön handfest sein.

gespannt darauf warten, daß die Mama sie wieder auf den Tisch legt, worauf sie flugs wieder zu Boden gehen. Eine immens wichtige Erfahrung: Die Hände müssen nicht nur greifen, sie müssen auch loslassen (etwas, das vielen Erwachsenen ein ganzes Leben lang schwerfällt, vielleicht, weil ihre Mutter keine Geduld beim Runterschmeiß-Spiel hatte).

Geschwätzig oder schweigsam

Sowohl bei der Wort- wie auch der Körpersprache gibt es eher geschwätzige oder wortkarge Typen. Denken wir nur an das (sich immer wieder bewahrheitende) Klischee von den nüchternen Nordländern mit ihren sparsamen Handbewegungen und den temperamentvoll gestikulierenden Südländern. Die spontanen Gesten, mit denen wir unsere Gespräche begleiten und untermalen, sind aber auch gewissermaßen unsere persönliche Handschrift in der Gestik.

Die Standard-Gesten

So gegen Ende des ersten Lebensjahres lernen die Kinder die allererste standardisierte Geste: Das Winken zur Begrüßung. Mit dieser Geste gingen in früheren Zeiten die Leute aufeinander zu, als Zeichen, daß sie keine Waffen trugen. Sie ist ein typisches Beispiel dafür, wie sich die Bedeutung einer Geste im Laufe der Zeit wandeln kann – aus den leeren Händen wurde eine Grußgebärde.
Schon bald lernt ein Kind auch den Zeigefinger kennen, der sich warnend hin und her bewegt, wenn es sich einem verbotenen Gegenstand nähert. Der Zeigefinger ist die Verkleinerung von einem Stock, der Schläge austeilen würde bei Ungehorsam. Das Kind lernt auch, was es bedeutet, wenn der Zeigefinger als Aufforderung zum Stillsein über die Lippen gelegt wird. Im Kindergarten oder spätestens in der Schule vergrößert sich das Gesten-Repertoire. Das Kind geht nun demonstrativ mit der Freundin Hand-in-Hand oder legt dem Freund die Arme um die Schultern, als Zeichen von Besitz und Verbundenheit. Die Schwurfinger werden hochgehalten: „Ehrenwort, ich lüge nicht“. Und natürlich all die Gesten des Neckens und Ärgerns: An die Stirn tippen oder eine lange Nase machen. Ebenfalls zum Lernprogramm gehören all die Gesten, die der gute Ton vorschreibt: Die Hand reichen zur Begrüßung; die Hand heben, um in der Schule zu Wort zu kommen; die Hand beim Gähnen und Husten auf den Mund legen; mit den Fingern nicht in der Nase bohren.
Gemeinsam ist all diesen Gesten, daß sie von den Kindern genauso wie die Wörter der herrschenden Sprache richtig gelernt werden müssen. Kommt Paulina aus dem Kindergarten und sagt: „Mama, wenn Tonja mich nochmals ärgert, dann mach ich einfach so“, und sie vollführt mit dem nach oben weisenden Mittelfinger die bekannte, vulgäre Geste. Überall auf der Welt werden die Gesten des Trinkens, Essens und Schlafens verstanden. Aber will ein Deutscher in Brasilien jemanden heranwinken, so wie er es gewohnt ist, wird er auf „taube Ohren“ stoßen. In den südlichen Ländern winkt man mit der nach unten zeigenden Hand.

Gebärdensprachen

Gesten sind ein gutes Mittel der visuellen Kommunikation. Sie wirken auf Distanz und sind effizient. Für verschiedene Lebensbereiche ist deshalb der Einsatz von ausgeklügelten Handzeichen festgelegt worden. Die Feuerwehr verständigt sich bei einem Brand, wo ja das Funkengeknatter eine akustische Verständigung unmöglich macht, mit Handzeichen über den Gebrauch von Leitern und Wasserschläuchen. Desgleichen dirigieren Fluglotsen Flugzeuge und Polizisten Fahrzeuge in die gewünschten Richtungen. Diese Handzeichen sind Bestandteile der Ausbildung und müssen dementsprechend gebüffelt werden.

Von den Indianern Nordamerikas ist bekannt, daß sie ein umfangreiches System von Handzeichen kannten, mit dem sich die Stämme über die verschiedenen Sprachen hinweg miteinander verständigen konnten. Und jeder kleine Indianer mußte natürlich dieses „Gesten-Esperanto“ lernen. Vergleichbar sind die Kommunikationsformen der Gehörlosen, die schon immer in der Gebärdensprache miteinander kommuniziert haben. Erst in den letzten Jahren hat die Wissenschaft erkannt, daß es sich dabei um eine Sprache mit eigenem Wortschatz und eigener Grammatik handelt. Je nach Kulturraum existieren - genau wie bei den „normalen“ Gesten – verschiedene Gebärdensprachen, mit denen sich die Gehörlosen vor allem untereinander effizient verständigen.

Für gehörlose Kinder ist es schwierig, die Wort-Sprache sowohl in der geschriebenen wie der gesprochenen Form zu lernen. Deshalb haben Pädagogen ein System von sogenannten „lautsprachbegleitenden Gebärden“ entwickelt. Das sind einzelne Gebärdenzeichen, die das Verstehen der Lautsprache erleichtern, weil Lippenablesen kein vollumfassendes Verständnis ermöglicht. Zusätzlich findet auch das Fingeralphabet Verwendung - gewissermaßen eine Schrift, die durch Fingerbewegungen im Raum realisiert werden kann. Jeder einzelne Buchstabe wird durch eine bestimmte Stellung der Finger ausgedrückt. Der Vorteil: Es braucht dazu weder Papier noch Bleistift und bewährt sich beim Buchstabieren von Namen sowie bei Verständigungsschwierigkeiten als Folge schlechter Aussprache.

So stehen also gehörlose Kinder vor einem reich befrachteten Lernprogramm: Es gilt, die Lautsprache zu lernen (was wegen der fehlenden Kontrollmöglichkeit übers Ohr oft nur unbefriedigend gelingt), das Lippenablesen, das Fingeralphabet, die Gebärdensprache, die ein Kind gehörloser Eltern so natürlich erlernt wie das hörende Kind die Lautsprache, oder die lautsprachbegleitende Gebärdensprache. Doch auf dem Pausenplatz einer Schule für Gehörlose, da rennen die Kinder so ausgelassen herum wie überall – nur daß dabei eine befremdliche Stille herrscht. Und im Schulzimmer demonstrieren sie ihre beeindruckende Lernfähigkeit; erzählen mit ihren Gebärden,

unterstützt von der Mimik, in atemberaubender Schnelligkeit das Märchen vom Dornröschen (Abbildung linke Seite unten). Und auch der Höhepunkt darf nicht fehlen, wenn der Prinz die Schöne (Abbildung linke Seite oben) mit dem berühmten Kuß aufweckt.

Spiele mit den Händen

Fingerspiele gehören zu den allerersten Spielen im Leben eines kleinen Kindes. Die niedlichen Hände eines Babys laden ja gerade dazu ein, umspielt, umherzt und umworben zu werden. Und wem kommen nicht unweigerlich die alten Kinderreime in den Sinn, sobald ein kleines Kind auf dem Schoß sitzt und seine Händchen ausstreckt.
Die große Bedeutung und Beliebtheit dieser Spiele mit Gesten und Berührungen, spiegelt sich im Volksgut wider, in dem sich ein reicher Schatz dieser „Ammenverse" findet, je nach Region in unzähligen Varianten überliefert.
Klatschen und Patschen als rhythmisch-musikalische Begleitung von Kinderreimen machen ebenfalls Spaß und legen schon einen Grundstein für das Musikempfinden.
Für größere Kinder gibt es eine Fülle von Spielen. Sie reichen vom Schattenspiel, übers klassische Knobeln „Schere, Stein, Papier", bis zu den Reaktionsspielen „Kommando Pimperle" oder „Alle Vögel fliegen". Sie leisten gute Dienste, um Kinder bei Wartezeiten zu unterhalten.
Und wie bei allen Spielen gehören natürlich auch Kampfformen dazu: Kraftmeiereien im Mini-Format. Da gibt's das (auch noch von Erwachsenen oft praktizierte) Fingerhakeln; das Fingerdreschen, bei dem nur mit dem flachen Zeige-und Mittelfinger zugeschlagen werden darf oder die Kraftprobe, bei der die Hand und der ganze Unterarm des Gegners auf den Tisch gedrückt werden muß.
Um richtige Gebärden geht es bei vielen Kreisspielen, wie beim „Hampelmann" oder den „fleißigen Waschfrauen". Hier waschen, bügeln, nähen etc. die Kinder pantomimisch, passend zum Liedtext, während sie singen und tanzen.

Hauptdarsteller der Körpersprache

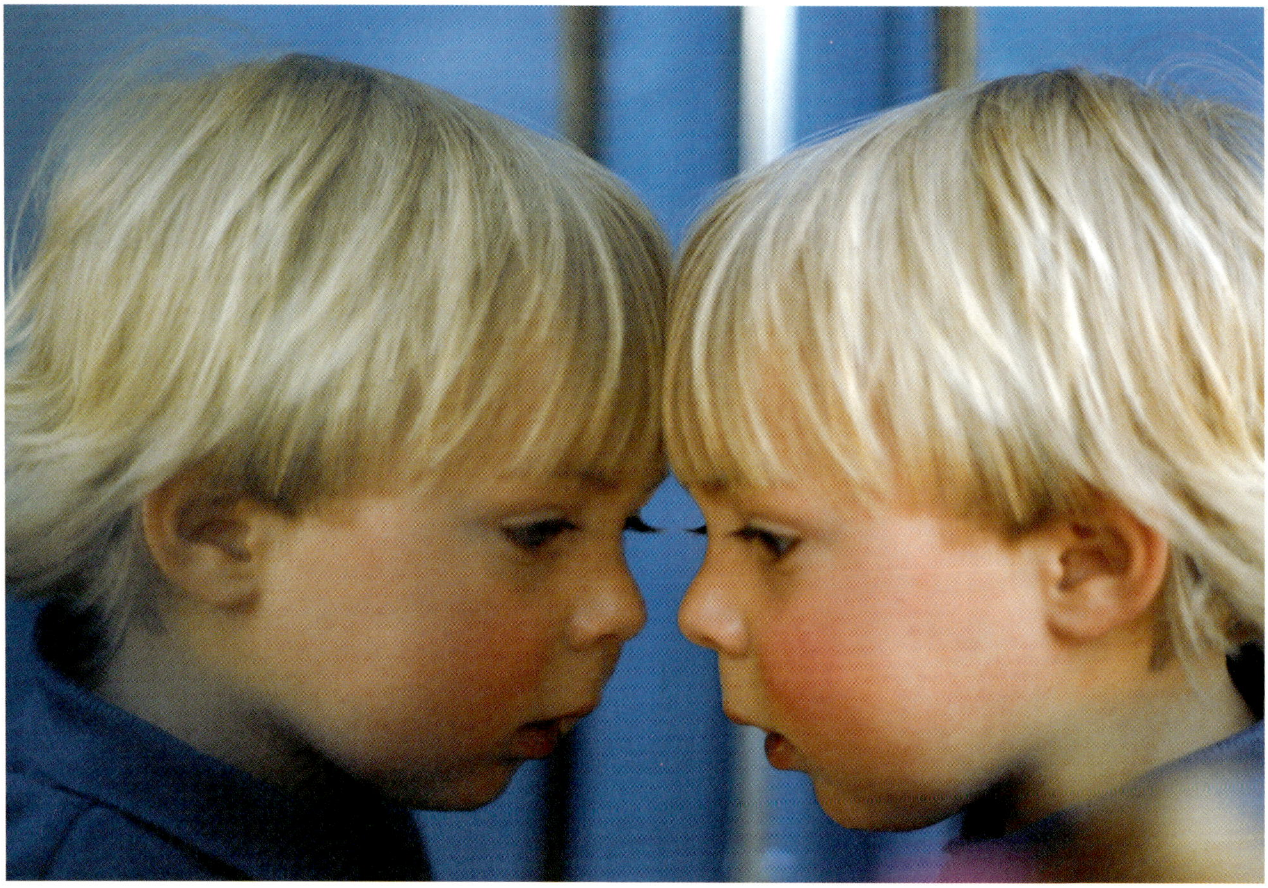

„Jeder von uns kommt mit einem Gesicht auf die Welt, das ihn von allen anderen unterscheidet, und dieses Gesicht tragen wir dann unser ganzes Leben lang mit uns herum. Eine Antilope kommt mit einer Antilopenschnauze auf die Welt, ein Löwe mit einem Löwenmaul, sie gleichen allen anderen Tieren ihrer Art aufs Haar. Das Äußere bleibt in der Natur immer gleich, ein Gesicht aber, das hat nur der Mensch und sonst niemand. Ein Gesicht, verstehst du? Im Gesicht ist alles enthalten. Deine Geschichte, dein Vater und deine Mutter, deine Großeltern und die Urgroßeltern, womöglich auch ein entfernter Onkel, an den sich niemand mehr erinnert. Hinter dem Gesicht steht die Persönlichkeit, die guten und die weniger guten Dinge, die du von deinen Vorfahren mitbekommen hast. Das Gesicht ist etwas Ureigenes, etwas, das uns erlaubt, uns im Leben einzurichten und zu sagen: So, hier bin ich."

Aus: Susanne Tamaro, „Geh, wohin dein Herz dich trägt", © 1995 by Diogenes Verlag AG Zürich

Blick-Kontakt

Der Kopf, an hervorragender Stelle unseres Körpers plaziert, sendet wie ein Leuchtturm Signale in alle Richtungen aus. Eine ausgeprägte Funktion hat dabei der Blick. Er kann, ebenso wie die Hand, auf Distanz wirken, bahnt Kontakte an – oder verweigert sie, indem er ganz einfach den Laden (sprich die Lider) herunterläßt. Intensives Anschauen ist immer mit starken Gefühlen verbunden – freundlicher oder feindlicher Art. Es gilt als unhöflich, jemanden unverhohlen anzustarren. Genauso unhöflich ist es, jemanden, zum Beispiel bei einer Begrüßung, nicht richtig anzublicken. Jemandem frei und offen ins Gesicht zu schauen, wird als Zeichen von Mut und Selbstsicherheit verstanden, in einer gespannten Situation sogar als Ausdruck von Aggressivität. Dementsprechend predigt die Umweltschutz-Organisation Greenpeace ihren Aktivisten, bei der Besetzung eines Geländes nie den Polizisten direkt in die Augen zu schauen, da ein Blickkontakt als Kampfaufforderung verstanden werden könnte.

Für Kinder kann es ganz nützlich sein, über solche Zusammenhänge informiert zu sein. Wenn ältere Schulkollegen sie verhauen wollen, ist es besser, die Augen niederzuschlagen oder einfach zur Seite zu blicken und sich mit dieser „Demuts"-Gebärde aus der „Schußlinie" zu bringen, als mit stolzem Heldenblick Opfer einer Keilerei zu werden.

Eine Besonderheit des menschlichen Auges ist der Weißraum um die Iris. Bei unseren nächsten Verwandten im Tierreich, den Primaten, fehlt er gänzlich. Nach Ansicht des Verhaltensforschers Desmond Morris hat sich dieser im Laufe der Evolution entwickelt, um die Bewegungen unseres Auges markanter erscheinen zu lassen. Nur die menschlichen Wesen sitzen oder stehen einander über längere Zeit frontal gegenüber.

Dabei geht die Rede hin und her, und ebenso bewegen sich die Augen über verschiedene Punkte des Gesichts des Gegenübers. Dann fixieren sie wieder einen Gegenstand im Raum, kehren zum Auge zurück und so fort. Hält jemand unverwandt den Blick auf einen gerichtet, so erzeugt das bald ein Gefühl des Unbehagens. Ein beliebtes Kinderspiel benützt dieses Phänomen übrigens als Anlaß zu einem Wettkampf: Es gilt, einander unentwegt in die Augen zu starren. Wer lachen muß oder wegblickt, hat verloren. Auf dem Hintergrund des Weißen treten all diese unwillkürlichen Augenbewegungen stärker hervor und ermöglichen so unsere gewohnten, stundenlangen Gespräche. Nur bei kleinen Kindern ist die Situation anders. Beim Stillen oder einfachen Zusammenruhen versenken sich Mutter und Kind in selbstverlorenen Blicken ineinander. Denn „im Gesicht der Mutter", so der amerikanische Psychologe Winnicott, „erblickt das Kind sich selbst. Ihr Einfühlungsvermögen ist so groß, daß sich die Gefühle des Kindes in ihrem Gesicht widerspiegeln. Daher erblickt sich das Kind wie in einem Spiegel und findet sich selbst, indem es sich in ihr sieht".

Charakterstudien

Verschiedene Wissenschaftler haben versucht, umfassende Theorien zu kreieren, wie über das Studium der Gesichtszüge treffsicher auf den Charakter eines Menschen geschlossen werden kann. Aber trotz minuziösen Schädelvermessungen ist es ihnen nicht gelungen, ernsthafte Anerkennung zu finden. Natürlich statten Filmproduzenten oder Comic-Zeichner ihre Helden- oder Gangsterfiguren mit typischen Gesichtsmerkmalen aus. Aber einfach nur auf Grund einer Eigenheit von der Wissenschaft zur Verbrecher-Visage qualifiziert zu werden, wäre mehr als gefährlich.

Sicher ist jedoch, daß das Leben in einem Gesicht Spuren hinterläßt. Wer über Jahre hinweg seine Gesichtsmuskeln den immer gleichen Ausdruck produzieren läßt, wird nach einiger Zeit das Resultat in Furchen oder Runzeln der entsprechenden Gesichtspartie erkennen. So entstehen gramzerfurchte oder von tausend Lachfältchen durchzogene Gesichter. Nur das Baby blickt uns aus einem Gesichtchen an, das noch glatt und weich ist; unberührt von prägenden Erlebnissen.

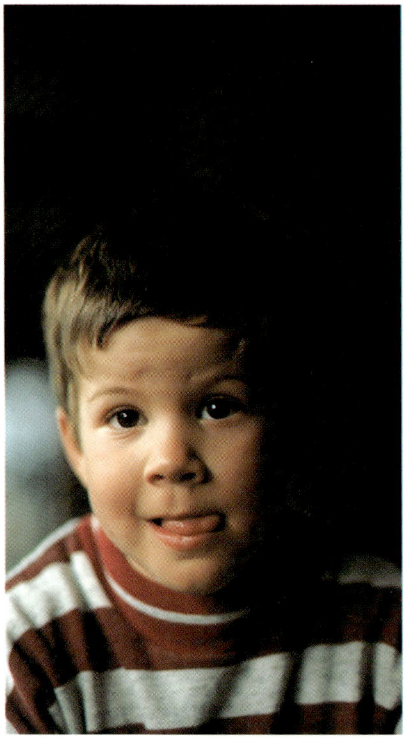

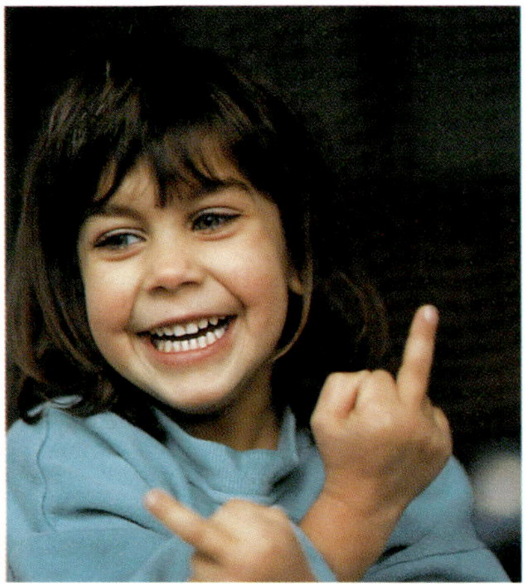

Die Schauspieltruppe im Mienenspiel

Die Hauptrolle des Kopfes kommt durch die Ensemble-Leistung vieler einzelner Darsteller zustande:

Die Stirn umwölkt sich, legt sich in Falten oder glättet sich. Kommt einem etwas wieder in den Sinn, schlägt man sich mit der flachen Hand daran.

Die Augenbrauen ziehen sich z. B. in Wut zusammen oder ziehen sich nach oben in Unglauben, Überraschung oder zu einem Gruß. Das gesamte Mienenspiel ist unglaublich vielfältig.

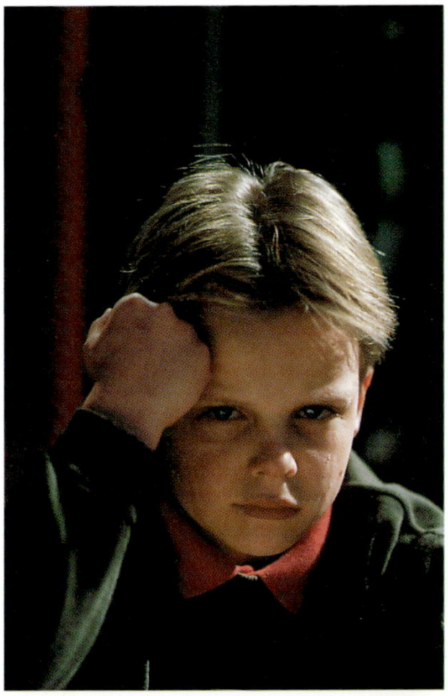

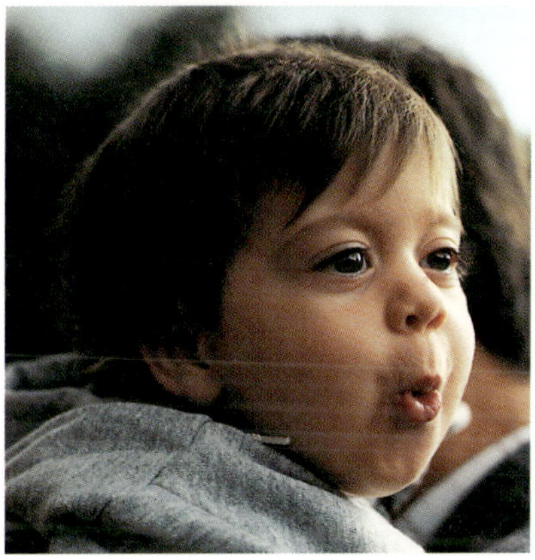

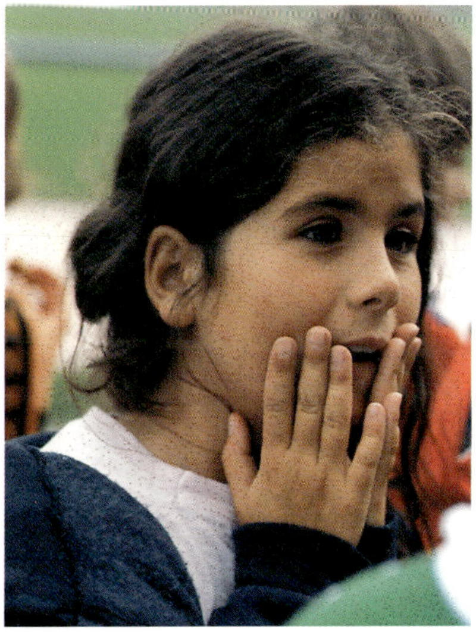

Von Mienen und Masken

Geht es nun um den Kopf, so ist man versucht zu sagen, er spiele die Hauptrolle in der Körpersprache. Tatsächlich beeindruckt die große Zahl von „Sendestationen", die auf so kleinem Raum versammelt ist. 43 Muskeln müssen sich beispielsweise bewegen, um ein mürrisches Gesicht zu produzieren; fürs Lachen sind hingegen nur 17 nötig. Bei einem neugeborenen Kind ist die Mimik noch eine mehr oder weniger zufällige Sache. Die Gesichtsmuskeln verziehen sich nach eigenem Gutdünken, den Regeln von Spannung und Entspannung folgend, was oft lustige Grimassen aufs Gesichtchen zaubert. Nach kurzer Zeit aber ist das Baby in der Lage, deutliches Mißfallen auszudrücken und nach einigen Wochen die Eltern mit seinem strahlenden Lächeln zu erfreuen. Im Alter von ein paar Monaten kommt das Lachen dazu; für uns Eltern eine Chance, nochmals an der überschäumenden Fröhlichkeit der Kindheit teilzuhaben: Denn „Kinder lachen rund vierhundert Mal am Tag", lese ich in einer Illustrierten.
Im Gegensatz zu den Handbewegungen gibt es weniger genau definierte mimische „Vorschriften".

Unser Mienenspiel ist sehr direkter Ausdruck unserer Empfindungen. Im Zusammensein mit Kindern eine Quelle großer Erheiterung, denn auf ihren Gesichtern malt sich so echt und unverfälscht ab, was ihr Inneres bewegt, daß wir unweigerlich heiter gestimmt werden.
Im Laufe der Jahre gewinnt dann der „gute Ton" immer mehr an Terrain: Eine ernste Miene bewahren, Gleichgültigkeit oder Interesse heucheln, aus Höflichkeit gezwungen lächeln usw. gehören zum „Mienen-Training" der Jugendzeit.
Dabei spielt es natürlich eine große Rolle, wo das Kind aufwächst. Je nach herrschender Landessitte wird diese Erziehung zur Etikette ganz verschieden ausfallen: Ein kleiner Japaner wird lernen, seine Züge so zu kontrollieren, daß er möglichst nie das „Gesicht verliert"; ein Indianermädchen im brasilianischen Urwald darf lustig und verspielt wie ein junges Hündchen sein. Ein Mädchen in einer islamischen Gesellschaft wird den Umgang mit dem Schleier üben, um das Gesicht zu verhüllen.
Nicht zuletzt aus Selbstschutz wird jedes Kind lernen müssen, daß es oft nicht ratsam ist, seinen Gefühlen allzu unbeschwert freien Lauf zu lassen. Dabei entsteht die paradoxe Situation, daß sich alle Menschen einerseits darin üben, ihre wahren Gefühle hinter einer kontrollierten Miene zu verbergen und andererseits detektivisch ihre Menschenkenntnis vertiefen müssen, um das hinter all den undurchdringlichen Mienen der Mitmenschen Verborgene aufzuspüren.
Zuviel der Kontrolle läßt die Gesichtszüge unnatürlich steif, zu einer Maske werden. Abgesehen davon, daß jeder Mensch manchmal gezwungen ist, seine Empfindungen hinter einer Maske zu verstecken, besitzt das Spiel mit verschiedenen Masken einen großen Reiz. Was wäre der Karneval ohne die Möglichkeit, einmal eine völlig neue Miene aufzusetzen? Für Kinder ist die Fastnacht ein großer Spaß; klugerweise warten sie aber nicht sehnsüchtig auf dieses Datum, sondern verwandeln sich nach Lust und Laune während des ganzen Jahres in alle möglichen Gestalten.

Die vielen Gesichter der Körpersprache

Hier zeigt sich einmal mehr die Meisterschaft der zwei- bis dreijährigen in Sachen Körpersprache: Die Mimik des kleinen Jungen widerspiegelt die Geschichte so ausdrucksvoll, daß man meint, sie an seinem Gesicht ablesen zu können. Die ältere Schwester ist zwar aufmerksam dabei, zeigt aber weniger überschwengliche Reaktionen (scheint vor allem das Zusammensein mit der Mutter zu genießen), während der Kleine am Schluß beinahe ins Bilderbuch hineinkriecht.

Die Gebärde verrät den Charakter

Beim Mundwerk zeugt die Zungenspitze zwischen den Lippen von höchster Konzentration. Wird sie ganz herausgestreckt, gilt dies weltweit als Beleidigung. Wir blecken die Zähne beim Lachen, beißen auf sie, wenn's ums Durchhalten geht, knirschen mit ihnen in stiller Ohnmacht und würden sie manchmal gern so drohend wie die Hunde fletschen. Die Lippen kräuseln sich in Geringschätzung, stülpen sich zu einem Schmollmund, schürzen sich bei Hochmut, spitzen sich zu einem Kußmündchen. Wir sehen harte, weiche, volle, fleischige Lippen bei unseren Mitmenschen und schließen daraus auf ihren Charakter. Ansonsten sind die Lippen dauernd beschäftigt, sich in vielfältigsten Bewegungen zu all den Formen von Lächeln und Lachen zu formen, die im Zusammensein von Menschen eine Schlüsselrolle spielen. Dazu der Münchner Psychologe Erhard Thiel: „Die Analyse eines Lachens ist genauso schwierig, wie die eines Parfüms, weil so viele verschiedene Ingredenzen drinstecken."

Hat jemand einen verkniffenen oder verbissenen Mund, so ist mit ihm nicht „gut Kirschen essen". Die Mundwinkel werden bei Abscheu nach hinten gezogen, bei guter Laune nach oben, für die Null-Acht-Fünfzehn-Stellung nach unten. Ist die Überraschung perfekt, bleibt er einfach offenstehen.

Zum Kopf gehört natürlich auch der Hals. Man kann etwas in den falschen Hals kriegen oder hat einen Kloß darin. Babys sind manchmal Schreihälse, kleine Kinder machen gerne einen langen Hals (sie sind so neugierig, daß sie überall ihre Nase hineinstecken müssen, was den Hals – sprachlich treffend beobachtet – natürlich in die Länge zieht). Dies ist auch beim dicken Hals der Fall: Die Emotionen lassen die Halsadern so anschwellen, daß man fürchten muß, dem Ärmsten platze der Kragen. Am schönsten für die Eltern ist es aber, wenn die Kleinen aus vollem Halse lachen oder singen.

Und wie der Kopf auf dem Hals getragen wird, ist auch schon wieder aufschlußreich: ob mit gutem Selbstbewußtsein hoch erhoben, zweifelnd auf die Seite gelegt, voll Begeisterung in den Nacken geworfen oder vor Scham gesenkt.

Der Kopf – eine heikle Sache

Erwachsene berühren Kinder oft am Kopf, zum Trost (Abbildung oben) oder zur Begrüßung: streichen über die Haare, kneifen in die Wange oder tätscheln sie. Babys mögen es gern, am Kopf liebkost zu werden. Ältere Kinder verabscheuen es und ziehen unwillig den Kopf zurück. Er ist so etwas Privates, daß nur den vertrautesten Menschen diese Berührungsform gestattet wird. Und die Erwachsenen wiederum finden nur in den Momenten Gefallen daran, wenn sie bis über beide Ohren verliebt sind, den Kopf vollends verlieren und ihn hingebungsvoll an die Schultern oder die Brust des geliebten Menschen lehnen.

Unter Kindern gilt das Zusammenstecken der Köpfe als Beweis besonderer Vertrautheit. Beim Aushecken von unternehmungslustigen Plänen steckt die Kindergruppe die Köpfe in der Mitte verschwörerisch zusammen. Sie bilden so eine Art „Wagenburg“. Die Sprache ist deutlich: „Nichtmitglieder unerwünscht“.

Nicht ganz zu Unrecht gilt es bei den Erwachsenen als taktlos, in einer Gesellschaft seinem Partner demonstrativ etwas ins Ohr zu flüstern. Alle von dieser Intimität Ausgeschlossenen fühlen sich unbehaglich und fragen sich, ob sie wohl Gegenstand der sicher abschätzigen Bemerkung seien. Kinder wiederum genießen diesen Effekt oft absichtlich. Er tut auch in diesem Fall seine Wirkung: Das Mädchen links zeigt die typische „zu-sich-selber-zurück“-Reaktion, als sie vom Geheimnis der beiden Freundinnen ausgeschlossen wird. Die Hände sind gefaltet und geben einander Sicherheit. Der Daumen sucht den Weg zum Mund, um dort Trost zu finden. Der Blick schätzt die Chancen ab, vielleicht doch noch einbezogen zu werden. Je entzückter das mittlere Mädchen sich gibt, umso klarer tritt das Mädchen links den Rückzug an: Der Daumen steckt nun ganz im Mund, der Blick ist auf den Boden gesenkt und der Kontakt ist gezwungenermaßen abgebrochen.

Mit Grimassen spaßen

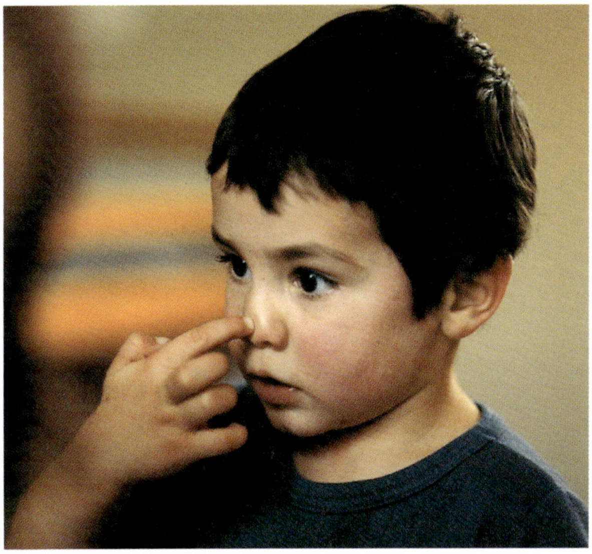

Wahrscheinlich werden alle Kinder irgendwann das Opfer dieser beliebten Neckerei, bei der jemand die Nase des Kindes zwischen Zeige- und Mittelfinger einklemmt. „Fort ist die Nase", sagt er und zwackt sie mit einer Handdrehung einfach ab. Zum Beweis läßt er die eigene Daumenspitze zwischen den Fingern hervorgucken und alle kleinen Kinder greifen sich unwillkürlich an die Nase, um festzustellen, ob sie tatsächlich fort ist. Weit verbreitet sind die Spielverse für die Allerkleinsten. Da tupft die Mutter kosend übers Gesichtchen, beispielsweise zu den Worten:

„Kinnewippchen, rote Lippchen,
Nuppelnäs'chen, Augenbräuchen,
zupf, zupf, mein Härchen!"

Besonders Spaß macht es, so richtig häßliche, verzerrte Fratzen zu schneiden. Und man kann dabei ganz schön Dampf ablassen. Übrigens hat eine Hollywood-Schönheit in einem Interview als Rezept für ihre Schönheit verraten, daß sie jeden Abend vor dem Spiegel zehn Grimassen schneidet. Na bitte, wenn's nur das ist: Kinder schaffen das beim Zähneputzen alleweil.

Dabei gibt es verschiedene Spielformen:

• Als Wettkampf. Für ein Kind ist es einfach Spitze, den Vater oder die Mutter mit wechselnden Gesichtern zu erleben. Zudem hat es gute Chancen, als Sieger aus einem solchen Wettstreit hervorzugehen.

• Der eine Mitspieler muß ein völlig ernstes Gesicht aufsetzen, während der andere die witzigsten Fratzen macht; muß er lachen, hat er verloren.

Teamwork im Dauerbetrieb

Was beim Körper ins Auge springt, ist seine Masse, seine ganze Gestalt. Zwar können wir auch hier die Aussagen der einzelnen Körperteile untersuchen (die Brust stolz rausgedrückt, der Rücken gramgebeugt, Schultern schüchtern zusammengezogen, Beine nervös trippelnd usw.), doch sie wirken nicht so sehr im Alleingang, als vielmehr fein aufeinander abgestimmt im Team.

Die Händchen – ein weiches, warmes Nest. Der Rücken beugt sich wie ein Schirm darüber. Die Füße setzen vorsichtig auf dem Boden auf. Und so, sicher beschützt, gehört dieses Geheimnis dem kleinen Mädchen ganz allein.

Formen und Normen

Die meisten Menschen verbringen einen guten Teil ihrer Zeit damit, diese äußere Form des Körpers an die jeweils herrschende Norm oder an die persönlichen Wunschvorstellungen anzupassen. Kaum jemand ist mit seiner Figur zufrieden – entweder trainiert man sich unter Schwitzen Muskelpakete an oder hungert sich gertenschlank.
Bei manchen Völkern verlangt die Tradition schon bei kleinen Kindern (uns oft grausam erscheinende) Prozeduren vorzunehmen. Bis in die jüngste Zeit wurde beim afrikanischen Volk der Mangbetu der Kopf eines Neugeborenen so eng mit Rindenstücken umwickelt, daß der Schädel in die Höhe wachsen mußte. Diese künstliche Schädelverlängerung diente der Abwehr von Hexerei und galt als Schönheitsideal.
Während Jahrhunderten wurden die Füße der kleinen Mädchen in China gebrochen und so zusammengebunden, daß die Zehen nach hinten wuchsen. So hatten sie Platz in winzigen Seidenpantöffelchen. Ein Zeichen für Schönheit und Status, mit solchen Füßen war es ja unmöglich, harte Arbeit zu verrichten.

4

Die Größe

Kommt's drauf an, nimmt der Mensch Zuflucht zum Imponiergehabe. Der Hund sträubt die Haare, die Henne plustert ihr Gefieder auf. Der Mensch drückt die Brust heraus, stemmt die Arme in die Seiten, reckt das Haupt empor, steht breitbeinig da und vergrößert optisch seine Silhouette. Klar, ein Hüne macht auf uns ja allein schon durch sein Auftreten mehr Eindruck als ein spindeldürres Männlein, das versucht, mit Plateausohlen größer zu erscheinen.

Non-Stop-Betrieb

Da wir uns nicht unsichtbar machen können, senden wir, wo und wann wir immer in Erscheinung treten, eine Botschaft über uns selbst aus. Wie wir dastehen – lässig, verkrampft, krumm oder grazil –, oder wie wir gehen – schlurfend, forsch, zögernd, trippelnd, energisch oder unsicher –, oder wie wir sitzen – entspannt, zurückgelehnt, vorgebeugt. Alles enthält eine Botschaft.
Wer nichts sagen will, hält ganz einfach den Mund. Die Körpersprache aber kennt kein Schweigen; sie funktioniert im Dauerbetrieb. Sogar, wenn wir ins Reich der Träume entschwinden, sendet der Körper Bilder unserer Befindlichkeit aus. Und für Eltern gibt es wahrscheinlich keine schönere Botschaft in Körpersprache, als ihr selig schlafendes Kind.
Bei den Babys ist diese Art Sprache, nämlich einfach durch die Gesamterscheinung zu kommunizieren, von besonderer Wichtigkeit. Sie haben ja noch nicht genug „Fingerfertigkeit", um mit einzelnen Körperteilen gezielte Signale auszusenden. Aber allein ihr Körperbau mit seinen spezifischen Proportionen garantiert ihnen unser Wohlgefallen. Da ist der große Kopf, der kugelige Bauch, die zu kurzen Arme und Beine – alles ist so süß und knuddelig, daß sogleich der Wunsch aufkommt, das kleine Wesen schützend und kosend in die Arme zu nehmen. So sind sie unserer Aufmerksamkeit und unseres Entzückens gewiß.

Die Haut

Das Leben wäre soviel einfacher, wenn der Mensch noch ein Fell hätte. Das könnte er putzen und belecken; in intimen Momenten würde man sich gegenseitig lausen – und damit hätte es sich. Aber nein, da umgibt eine Haut den Körper, die so glatt ist wie ein Stück Zeichenpapier. Und genau wie dieses wird sie behandelt: Sie wird bemalt und verziert; geschminkt und gepudert; tätowiert und gepierct. Mit allen Kunstgriffen wird versucht, das Gesicht, unsere Visitenkarte, aufs schönste herzurichten. Bei vielen Völkern (die klimatisch bedingt ohne Kleider auskommen) erfolgt die Bemalung des ganzen Körpers mit bestimmten Farben und rituell vorgeschriebenen Mustern nicht nur zu Schönheitszwecken, sondern erzählt von Heldentaten, zeigt die Sippen-Zugehörigkeit an oder entspricht einer bestimmten Lebensphase.

Kinder lieben es über alles, mit Lippenrot und Augenbrauenstift zu hantieren. Sie schauen in den Spiegel und fühlen sich von der Zukunft angehaucht. Und zum großen Fest wird es, wenn die knallbunten Farben über den ganzen Körper tanzen dürfen.

Die Haarpracht

Die Haare, „strategisch" ausgezeichnet auf dem höchsten Punkt des Körpers plaziert, bieten sich ideal als Kommunikationsträger an. Ob als Punk oder mit Gretchen-Zöpfen; ob mit peinlich schnurgeradem Scheitel oder ellenlangen Rasta-Locken – die Art und Weise, wie wir unsere Haarpracht gestalten, läßt tief blicken.
Und die Mütter wiederum lassen es sich nicht nehmen, die Haare ihrer Kinder zu kämmen, zu frisieren, zu Zöpfen zu binden und zu schmücken. Vor allem in südlichen Ländern erwecken die stolzen Mamas den Eindruck, sie gingen am Sonntag mit lebendigen Puppen spazieren. Die kleinen Kinder hantieren gern mit Bürsten und Kämmen, Spangen und Schleifen. Und jedes Kind nimmt irgendwann einmal eine Schere und schnippelt sich zum Entsetzen der Mutter „haarige" Löcher in die Frisur, zumindest in diejenige der Puppe.
Die Mädchen frisieren sich gegenseitig. Das ist ein Zeichen von großer Zuneigung, denn das Haupt wird ja nicht einfach einer x-beliebigen Person in die Hände gelegt.
In der Schulzeit wird der Haarschnitt dann zu einem wichtigen Erkennungszeichen. Wie die Freundin die Haare trägt oder wie es die Mode gerade vorschreibt, das muß genau kopiert werden. Wobei sich da ganze Dramen abspielen, weil die Haare zu bockig, zu lockig oder zu glatt für die gewünschte Haartracht sind. Der Höhepunkt erfolgt dann in der Pubertät, wenn die Vorlieben und Stimmungen so schnell wechseln, daß die Frisuren mit den Gefühlsschwankungen kaum mehr Schritt halten können.

Die Kleider – unsere zweite Haut

Beinahe unbeschränkt werden die Möglichkeiten zur Gestaltung der Gestalt, wenn es um die Kleidung geht. In erster Linie hat sie ja die Aufgabe, den Körper gegen die Witterung zu schützen. Doch durch alle Jahrhunderte hindurch war es nicht gleichgültig, welche Materialien, welche Farben und welcher Schnitt verwendet wurde. All die Kleidungsvorschriften und -vorlieben werfen Schlaglichter auf die jeweils herrschende Gesellschaft mit ihrer Kultur, ihren Zwängen und Normen.

Mit der Wahl unserer Kleidung senden wir immer eine Botschaft über uns selbst aus. Es ist, als ob wir uns ein Plakat umhängen würden, das über unser Befinden, unsere Stellung in der Gesellschaft, nicht zuletzt über die finanziellen Möglichkeiten und über unser Eigenbild Auskunft gibt. Solange die Kleider im Laden an einem Ständer hängen sind sie noch leblos; erst an unserem Körper, erfüllt mit unseren Bewegungen, werden sie aktiv.

Kleine Kinder genießen die unbegrenzten Möglichkeiten zur Verwandlung. In einer Truhe mit Stöckelschuhen, Hüten, Handtaschen und abgelegten Fummeln herumkramen, mit einem Spitzenschleier in die Haut einer Prinzessin schlüpfen, mit Vaters alten Stiefeln ein gefährlicher Räuber werden, das alles ist herrlich.

Die Redensart „ich möchte nicht in deinen Schuhen stecken", scheint für Kinder nicht zuzutreffen. Schuhe haben eine geradezu magische Anziehungskraft auf zwei- bis dreijährige Kinder. Sämtliche Schuhe der ganzen Familie werden ausprobiert.

Viele Kinder zeigen von klein an einen ausgeprägten eigenen Geschmack. „Als ich mit Tanja (5) einkaufen ging", erzählte eine Mutter, „hat sie gegen meinen Willen auf ein Kleid bestanden. Das wurde dann ihr Lieblingskleid. Und es gab Tränen, als sie es nicht anziehen konnte, weil es schmutzig war. Da hat sie es einfach wieder aus dem Wäschekorb herausgeholt."

Bei Kinderfreundschaften spielen Kleider und all die anderen Accessoires eine große Rolle. Die Mutter muß unbedingt die gleichen Klamotten, wie die Freundin sie trägt, kaufen. Und untereinander werden Schuhe und Kleider so verschwörerisch ausgetauscht, als ginge es dabei darum, Blutsbrüderschaft zu machen.

In der Schulzeit wird die Kleiderwahl diktiert durch die Gruppe, zu der man gehören will. Da kommt zum Beispiel nur ein ganz bestimmtes T-Shirt in Frage. Mit dem Markenzeichen wird eine Etikette umgehängt, die in diesem Alter Identität verleiht.

Interne Körpersprache

Das Wort „Körpersprache“ birgt eine Unklarheit in sich: Bedeutet es „Sprache des Körpers“ oder „Sprache durch den Körper“? Das ist keine Haarspalterei. Letzteres heißt, daß der Körper nach Lust und Laune seines Inhabers als Kommunikationsmedium benutzt wird; er führt all die Gesten und Bewegungen aus, die wir ihm befehlen. Die Glieder führen ein Theaterstück auf, bei dem unser Wille Regie führt. Ohne Zuschauer würde es nicht über die Bühne gehen.

Bei der Sprache des Körpers vertauschen sich die Rollen: Das Zielpublikum sind nun wir selber. Die Schauspieler bleiben die gleichen: Das Körper-„Ensemble“ wird mit dem „Personal des Innern“ aufgestockt. Schauen wir uns zur Verdeutlichung ein paar Szenen an:

• Der Mund gähnt: „Hallo, es ist Zeit ins Bett zu gehen.“

• Der Magen drückt: „Na, altes Haus, was hast Du für ein Durcheinander geschlemmt. Jetzt sollst Du mir das aber büßen.“

• Das Herz klopft wild: „Das Warten auf deine Angebetete macht mich ganz kribblig.“

• Der Rücken beugt sich: „Du bürdest mir eine schwere Last auf. Ich bin schon ganz krumm, und meine Kollegin, die Lunge, beklagt sich, daß ich sie zusammendrücke und ihr die Luft nehme.“

• Der Schädel hämmert: „Denk doch nicht immer soviel. Und dazu noch der Fusel, den Du in Dich hineinschüttest. Wart nur, ich streike.“

All diese Aktionen finden unabhängig von weiteren Anwesenden statt. Ein zufälliger Beobachter wird jedoch aus unserer Leidensmiene, der auf den Bauch oder die Stirn gelegten Hand, aus unserer kränkelnden Erscheinung scharfsinnig auf unseren inneren Zustand schließen und wird herausfinden, wie wir uns fühlen.

Die Frage stellt sich nun, wer waltet hier eigentlich als Regisseur? Wir erkranken ja meistens gegen unseren Willen, auch wenn sich dieser Prozeß letztendlich für uns als heilsam erweist. Je nach Lebensanschauung wird die Antwort verschieden ausfallen: Der eine mag im Bauchgrimmen das Walten der strafenden Hand Gottes ahnen. Für den Wissenschaftler steckt das „komplexe elektrochemische Trommelfeuer der Neutronen“ dahinter. Der Mediziner wird weitgehend das vegetative Nervensystem dafür verantwortlich machen.

Es bleibt nichts anderes übrig, als die Frage nach dem mysteriösen Regisseur offen zu lassen und seine Macht schlicht und dankbar zu akzeptieren. Die Botschaften des Körpers, zuweilen wahre SOS-Signale, sind überlebenswichtig. Vergleichbar mit einem Echo-Lot, das uns ständig mit Informationen über unser Befinden versorgt. Ignorieren wir sie oder ergreifen nicht die richtigen Maßnahmen, werden sie verstärkt oder so lange dramatisiert, bis sie zu Symptomen von Krankheiten auswachsen.

Es gibt unzählige Redewendungen, in denen diese Körperbotschaften Warnung und Diagnose in einem enthalten:

• etwas kriecht einem über die Leber

• das geht an die Nieren

• etwas schlägt auf den Magen

• mir steht das Herz still

Ist der innere Regisseur aber mit unserem Benehmen zufrieden, läßt er die Haut glatt erscheinen, zaubert Farbe aufs Gesicht und ein Strahlen in die Augen.

Die Botschaft der Krankheit

Die „Leb"haftigkeit der Kinder ist ein Ausdruck ihrer „Leben"digkeit. Wir sind deshalb sofort besorgt, wenn ein Kind matt und schlaff ist, wenn es keine Lust mehr zu gar nichts hat. Wir beobachten es aufmerksam und schenken wahrscheinlich der Körpersprache nie soviel Beachtung wie in diesem Moment. Ist die Haut bleich oder gerötet? Sind die Füße kalt oder heiß? Zeigt sich ein Ausschlag, tut der Kopf, der Bauch oder der Hals weh? Schmerzen die Ohren?
„Das Kleinkindesalter, zwischen der Säuglingszeit und dem Zahnwechsel, ist die Zeit der häufigsten Erkältungs- und Infektionskrankheiten", schreibt der Kinderarzt Stellmann. „Das ist nicht verwunderlich, wenn man sich vergegenwärtigt, welche ungeheure Leistung das Kind in dieser Zeitspanne zu vollbringen hat (körperliche Entwicklung, aufrechtes Gehen, Sprache, erstes Denken, Fühlen und Wollen). Daß diese Höchstanforderungen, die an alle Wesensbereiche gestellt werden, körperliche Anfälligkeit zur Folge haben können, ist nur zu verständlich." Für die Kinder sind die klassischen Kinderkrankheiten eine Herausforderung. Sie sind meistens mit einem Hautausschlag verbunden; ein Zeichen dafür, daß da etwas Neues durch die Haut durchbrechen möchte. Jede überstandene Kinderkrankheit hat einen Entwicklungs- und Reifungssprung zur Folge. Das Kind ist nachher nicht mehr das gleiche wie vorher – es hat sich „gehäutet", äußerlich und innerlich im Sinne der Reifung gewandelt.
Neben der Pflege (wie für Ruhe, Flüssigkeit, Wärme etc. sorgen) schenken wir dem Kind in dieser Phase Zeit und Zuwendung.
„Mein zweijähriger Junge", so die Erfahrung einer Mutter, „will, wenn er krank ist, einfach die ganze Zeit auf meinem Arm sein. Schläft er dann ein, kann ich ihn für ein Weilchen in sein Bett legen. Meine Nähe ist für ihn sicher das beste Heilmittel." Tragetücher bewähren sich in diesen Situationen besonders; das Kind wird auf der Hüfte, dicht am Körper, herumgetragen. Die Mutter hat dabei die Hände frei für andere Verrichtungen. Sind die Kinder größer, genießen sie es, wenn wir uns zu ihnen legen, mit ihnen Bücher anschauen oder einfach gemeinsam ruhen. Wir haben die Chance, nochmals mit ihm ein bißchen Baby zu spielen, nachdem diese Zeit doch viel zu schnell vorbeigegangen ist. Damit kann ihnen Kranksein so in der Erinnerung haften bleiben, wie einem Bekannten von mir: „Als Kind war es doch schön, krank zu werden. Da war die Mutter ganz für einen da."

Hilferufe des Körpers
Aus verschiedenen Gründen kann ein Kind in seelische Not geraten, die sich darin äußert, daß es stiller wird, weniger erzählt, mehr weint, sich weniger bewegt und kaum mehr Appetit hat. Oft helfen da mehr Zuwendung, aufmerksames Zuhören und liebevolle Beachtung. Andere Symptome in diesem Bereich sind zum Beispiel das Nägelbeißen (das Kind beißt sich die eigenen „Waffen" (im Tierreich die Krallen) ab und richtet die unausgelebte Aggression gegen sich selbst; das Bettnässen (oft „ungeweinte Tränen am falschen Ort" genannt); Schlafstörungen, Unruhe, Fahrigkeit usw. Häufig wird man als Eltern den Rat von Fachleuten einholen, um mit ihnen zusammen auf die Hilferufe des Körpers einzugehen und die dahinter versteckte Botschaft über das seelische Befinden des Kindes zu entschlüsseln.

Links und rechts

Jeder Mensch wird ohne zu zögern die Frage beantworten, ob er Rechts- oder Linkshänder ist. Weiß er auch, ob er Links-„Däumler" oder Rechts-„Hüftler" ist? Bei vielen Handlungen oder Stellungen unseres Körpers übernimmt nämlich, je nachdem, die eine oder die andere Körperseite die Führung (wie in dem kleinen Test rechts auszuprobieren ist).

Das Wort „links" wird verstanden als nicht tauglich, wie dies in der Redewendung, daß jemand zwei linke Hände habe oder überhaupt linkisch sei, auftaucht. Betrachten wir etwas als kinderleicht, so erledigen wir es mit links. Und sind wir schlecht gelaunt, dann sind wir mit dem linken Bein aufgestanden.

Diejenige Hand, mit der etwas „richtig" gemacht werden kann, wurde zur rechten. Die tüchtige Sekretärin ist die rechte Hand ihres Chefs. Der Ehrenplatz beim Bankett ist natürlich rechts vom Gastgeber.

Tiefere Bedeutung bekommt die Sache allerdings, wenn wir die Funktionsweise unseres Gehirns miteinbeziehen. Es ist in zwei Hälften unterteilt, die zwei völlig unterschiedliche Aufgabenbereiche haben. Von jeder Hälfte führen Nervenbahnen weg, die sich aber überkreuzen. Die linke Gehirn-Hemisphäre ist zuständig für die rechte Körperseite und umgekehrt.

Die linke Hirnhälfte ist verantwortlich für die Logik und Struktur der Sprache, für Lesen und Schreiben; für die Mathematik und das Zeitempfinden. Sie schlüsselt alle Erscheinungen analytisch auf. Sie dividiert in Einzelteile, kann einzelne Teile überhaupt erkennen. Die von ihr gesteuerte rechte Körperseite agiert vernunftbezogen, zweckgerichtet und zielbewußt.

Die rechte Gehirnhälfte nimmt ganzheitlich auf. Sie ist fähig zur Erfassung komplexer Strukturen, Muster und Zusammenhänge. Hier findet der Umgang mit Symbolen statt. Gefühle, Kreativität und Spontanität sind hier beheimatet, ebenso wie der Bild- und Traumbereich der Seele.

Je nach Tätigkeit, die ein Mensch gerade ausführt, ist jeweils eine der beiden Hemisphären dominant. Beim Lesen und Schreiben also die linke Hirnseite, beim Musikhören und Gestalten die rechte. Trotzdem stehen dem gesunden Menschen jederzeit auch die Qualitäten der subdominanten Hirnseite zur Verfügung, da über den sogenannten Balken (ein Verbindungsstück) ständig ein reger Informationsaustausch stattfindet.

Bei einem neugeborenen Kind dominiert vorwiegend die rechte Seite. Erst im Laufe der Jahre wird der ganze komplizierte Komplex des Nervensystems zur Ausgewogenheit heranreifen. Kleine Kinder reagieren deshalb ganzheitlich, spontan, gefühlshaft und assoziativ. Ihre Phantasie ist Richtschnur des Handelns und nicht etwa Zweckgebundenheit (wie bei den meisten Erwachsenen).

Da ja alle unsere Bewegungen vom Gehirn aus gelenkt werden, hat die gesamtheitliche Dominanz einen direkten Einfluß auf die Körpersprache: Die Bewegungen und Haltungen des Kindes sind anfänglich „global"; der ganze Körper macht mit. Freut sich ein Kind, so ist ein bloßes Lächeln nicht genug. Vom Scheitel bis zur Sohle will die Freude heraus und läßt das Kind in die Höhe hüpfen. Es breitet die Arme aus, dreht sich wie ein Kreisel um sich selbst, wirft den Kopf nach hinten und stößt kleine Freudenschreie aus.

Aus diesem Grund lassen sich bei Kindern einzelne körpersprachliche Gebärden oder mimische Äußerungen nicht analytisch klassifizieren. Der Körper ist in seiner Gesamtheit beteiligt.

Ungefähr dann, wenn das Kind schulreif wird, hat die linke Gehirnhälfte in der Entwicklung aufgeholt, so daß sie jetzt für all die analytischen Prozesse wie Buchstaben- und Zahlenlernen, Mengen erfassen und teilen etc. zur Verfügung steht.

Gleichzeitig ist noch ein anderer körperlicher Vorgang abgeschlossen: Das siebenjährige Kind hat die Bildung aller Zahnkronen, sowohl des Milch- wie auch des Dauergebisses, beendet.

Dies ist die härteste Substanz des Körpers. Und so ist das Kind jetzt fähig, dem Leben die Stirn zu bieten und die Zähne zu zeigen.

Über die Linkshändigkeit

Manche Eltern stellen mit Besorgnis fest, daß ihr Kind Linkshänder ist. Was nun? Ein Neugeborenes bewegt seine beiden Ärmchen noch gleichzeitig; sie führen spiegelbildlich die selben Bewegungen aus und treffen sich über der Brust in der Mitte des Körpers.
Im Alter von 3–4 Monaten werden die Händchen sozusagen zu Spielkameraden. Eine Hand fängt die andere, läßt sie wieder los. Mal schnappt sich die eine Hand ein Plüschtier, mal schüttelt die andere eine Rassel; immer sicherer wird der Griff, immer Spannenderes läßt sich mit den Händen anstellen. Dabei wechseln sich Phasen ab, in denen eher die linke, dann die rechte und wiederum beide gleichmäßig zum Zuge kommen. Diesen Prozeß mitzuverfolgen, ist für die Eltern wiederum reizvoll. Erst vom vierten Lebensjahr an, beginnt eine Seite mehr an Bedeutung zu gewinnen, bis sie sich dann, so um das achte Jahr herum, zur Links- oder Rechtshändigkeit ausgebildet hat. Man könnte meinen, daß nach dieser pendelartigen Entwicklung eine prozentual gleichmäßige Aufteilung entstünde. Aber die Mehrheit der Kinder wird zu Rechtshändern, während sich nur ein bis zwei Prozent mit dem Problem der Linkshändigkeit herumschlagen müssen.
An mir selbst habe ich in dieser Beziehung ein Kuriosum festgestellt: Bei einem Essen in Gesellschaft fiel auf, daß ich (ganz und gar nicht nach Knigge) die Gabel rechts und das Messer links hielt. Ich schaute verdutzt auf meine „falschen" Hände und kam schließlich darauf, daß mir meine Mutter, die Linkshänderin war, Messer und Gabel immer genau so in die Hand gedrückt hatte, wie sie es gewohnt war.
Resultat: Ich kann heute mit beiden Händen gleich gut schneiden. Meine Mutter war, wie damals üblich, zum rechtshändigen Schreiben dressiert worden, was sich in einer angespannten Schreibhaltung und in einer schlechten, unleserlichen Schrift auswirkte. Doch beim Tennis hielt sie das Racket links und pfefferte damit eine verblüffende Backhand übers Netz, die kaum zu halten war.
Heute hat sich in den meisten Schulen die Erkenntnis durchgesetzt, daß linkshändigen Kindern weder mit Zwang noch Diskriminierung begegnet werden soll. Meiner Meinung nach müßte man ihnen zusätzliche Hilfestellung geben und für eine bequeme Schreibhaltung und angemessene Schreibgeräte sorgen. Ich erinnere mich, wie mühselig das Schreiben für einen Klassenkameraden war, dessen Hand, nach rechts vorrückend, ständig die noch nasse Tinte verwischte.
Eine andere Theorie vertreten die Waldorf-Schulen. Da das Schreiben mit dem Außenleben zu tun hat, falle es eindeutig in den Aufgabenbereich der rechten Körperhälfte.
Werde dem Linkshänder das Schreiben mit der rechten Hand (natürlich auf behutsame Weise und ohne Zeit- oder Leistungsdruck) beigebracht, so belaste man seine rechte Seite nicht mit der mechanischen Buchstabenmalerei, und sie könne sich deshalb kreativ mit dem Inhalt beschäftigen. Die Vertreter dieser Theorie weisen darauf hin, daß das Greifen der Töne auf der Geige oder dem Cello mit links, also der künstlerischen Seite ausgeführt wird. Niemand denke daran, dieses komplizierte Fingerspiel einen Rechtshänder mit der rechten Hand lernen zu lassen. Und genau so selbstverständlich würden die Kinder die Schreibtätigkeit mit rechts ausüben, wenn die Erwachsenen überzeugt sind, daß dies richtig ist.

Test

Es gilt, ganz spontan, die nachfolgenden Handlungen auszuführen. So läßt sich herausfinden, in welchem Ausmaß Links- oder Rechtsseitigkeit vorherrscht.

- Wir legen die Hände (wie zum Beten) ineinander. Liegt der rechte oder der linke Daumen oben? (Nur mit Mühe wird es gelingen, die Hände auf die ungewohnte Weise zu falten.)
- Wir klatschen Beifall. Welche Hand liegt beim Applaudieren oben?
- Wir verschränken die Arme. Liegt der rechte oder der linke Arm oben?
- Wir stellen uns vor, es jucke uns mitten auf dem Rücken. Welche Hand nehmen wir zum Kratzen?
- Wir zwinkern jemandem zu. Welches Auge wird zugekniffen?
- Wir stellen uns vor, jemand ruft uns etwas zu, daß wir nicht gut verstehen. Welche Hand halten wir wie einen Schalltrichter ans Ohr?
- Wir stellen uns entspannt hin, so daß unser Gewicht nur auf einem Bein ruht. Auf welchem? Die betreffende Hüfte macht eine deutliche Bewegung seitwärts.
- Wir legen die Arme auf den Rücken,wobei die eine Hand die andere am Gelenk faßt. Welche Hand brauchen wir dafür?

Nun zählen wir zusammen, wie oft die rechte oder die linke Seite in Aktion getreten ist. Wahrscheinlich wird sich bei keinem Ihrer Familienmitglieder eine ausschließliche Rechts- oder Linksseitigkeit zeigen.

Die Spiegel-Stellung

Vor einiger Zeit schickte mir eine Freundin ein Foto, zur Erinnerung an die gemeinsamen Ferien. Da liege ich am Strand, seitlich aufgestützt, und meine kleine Tochter nimmt vor mir, wie eine Miniatur-Ausgabe, die haargenau gleiche Pose ein. Ich wurde beim Betrachten des Bildes von einem besonders guten Gefühl erfüllt, worüber ich mir damals keine großen Gedanken machte. Heute ist mir nun klar, daß ich unbewußt die Harmonie der Spiegel-Stellung empfunden habe.
Dieses Phänomen der Körpersprache spielt sich mit einer solchen Beiläufigkeit ab, daß es kaum

bewußt bemerkt wird; dennoch bleibt es nicht ohne Wirkung. Worum geht es? Wenn zwei Personen, die sich sehr mögen, miteinander in ein Gespräch vertieft sind, nehmen sie allmählich umwillkürlich dieselbe Position ein. So, als hätte es in der Mitte einen Spiegel, der zwei gleiche, allerdings seitenverkehrte, Bilder entstehen läßt. Da sitzen zum Beispiel zwei Freundinnen auf einer Parkbank. Jede stützt den Arm auf die Lehne auf, das Kinn ruht auf der Hand. Das innere Bein ist angewinkelt, das äußere auf den Boden gestellt. Den beiden Frauen ist diese äußere Übereinstimmung nicht bewußt; auf ihr Inneres aber färbt sie ab. Beide empfinden eine Harmonie.

Es ist spannend, sich und seine Mitmenschen auf dieses Kuriosum der Körpersprache hin zu beobachten. Häufig zeigt es sich, wenn wir uns auf ein Mäuerchen oder ein Geländer aufstützen. Oder wir sitzen am Tisch und lehnen uns, genau gleich wie unser Gast, mit hinter dem Kopf verschränkten Armen zurück. Es gibt viele Beispiele, die Schwierigkeit ist nur, sie wirklich zu bemerken.
Zwischen Eltern und Kindern ist die Spiegel-Stellung weniger häufig anzutreffen. Meistens ruhen die Kinder beim vertrauten Zusammensein auf unserem Schoß oder so dicht an uns angekuschelt, daß kein Platz für den „Spiegel" dazwischen bleibt.
Bei den Kindern tritt sie in Erscheinung, wenn die Freundschaften tiefer werden. Da liegen zum Beispiel zwei Freundinnen auf dem Bauch im Gras; Kopf an Kopf; auf die Ellbogen gestützt. Sie reißen Grashalme aus und knabbern beim Plaudern auf ihnen herum. Die Unterschenkel weisen in die Höhe, die Füße kreisen langsam auf die eine und auf die andere Seite, alles geschieht synchron – ein Bild schönster Eintracht.
Und das Beste: Die Spiegel-Stellung wirkt auf alle anderen Anwesenden als ein starkes Signal, das unbewußt registriert und respektiert wird. So, als ob vor der Hoteltür ein Schildchen – „bitte nicht stören" – hängt. Und so liegen die beiden Kinder (auf dem Bild links) mitten im größten Gewirr einer herumtobenden Kindergruppe völlig entspannt und unbehelligt im Sonnenschein.

Spielen
Kinder sind eigentlich nicht anspruchsvoll. Töpfe und Blätter, Pfannen und Werkzeuge genügen für das Ausleben der Spiellust. Zu Hause wird es oftmals zu eng. Dann bietet eine Spielgruppe (wie in diesen Bildern), der Kindergarten oder eine Freizeitanlage die Möglichkeit, mit anderen Kindern zusammen „an die Arbeit" zu gehen.

unsere eigenen Verhaltensweisen in einem Mini-Kino widergespiegelt. Überflüssig zu erwähnen, daß die Kinder dabei ein riesiges Lernprogramm absolvieren. Ganz ohne Druck und Zwang schafft es die Natur, sie zu dieser Leistung zu motivieren. Das Geheimnis? Alles macht Spaß. Kinder wollen tätig sein. Sie wollen alles „selber" machen (das

der Schere schneiden, auch einen Brief schreiben, auch die Zeitung lesen. Große Schuhe, Mamas Tasche, Papas Jacke sind jetzt sehr beliebt. Sie wollen staubsaugen, Haare fönen, Geschirr abwaschen.
Wir Erwachsenen wiederum bekommen eine Art „Video in Körpersprache" vorgeführt; sehen

zweite Schlüsselwort) und nur so können sie all die tausend kleinen Fertigkeiten üben, die es im Alltag zu beherrschen gilt: Vom Lichtschalter betätigen bis zu Schnürsenkel binden; vom Brot streichen bis zum Telefonieren. Nicht ein Pädagoge, sondern ein nüchterner Verhaltensforscher (Desmond Morris) stellt deshalb fest: „Für ein Menschenkind ist ein behütetes, enges, unaktives Leben ein Desaster. Um sich als Erwachsener erfolgreich unter verschiedensten Umständen und Bedingungen zu behaupten, muß es in seiner Kindheit super-aktiv sein. Und dies wird garantiert durch die natürliche Spielfreude des Kindes."
Nun, über mangelnde Aktivität ihres Kindes beklagen sich die wenigsten Eltern (und wenn, wäre es ein Signal, das zu Besorgnis Anlaß gäbe). Eher fehlt es den Kindern oft an Möglichkeiten, diese überhaupt auszuleben.
Irgendwann genügt es den Kindern nicht mehr, bloß zu kopieren. Nun muß das Spielfeld erweitert werden. Andere Kinder müssen her, und es be-

ginnt die Hochblüte der „als-ob"-Phase. Das dritte Schlüsselwort lautet jetzt „ich bin/ich wäre". „Also, ich wäre jetzt die Mutter und du wärst der Vater", und schon sind alle dabei mit Häuschen bauen, Tisch decken, Einkaufen, Essen kochen, Puppen ankleiden usw. Doktor und Krankenschwester, Lehrerin und Schule, Zoo und wilde Tiere, Räuber, Piraten und sonstige dunkle Gestalten, keine Figur wird ausgelassen. Es scheint, als müßten die Kinder in alle möglichen „Häute" schlüpfen, alle erdenklichen Figuren verkörpern, um aus der Fülle der möglichen Rollen ihrer eigenen auf die Spur zu kommen. Und zwischendurch heißt es bei heiter hellem Himmel: „Wir wären jetzt müde und würden schlafen."

Die verschiedenen Nein

Schon früher als manchen Eltern lieb ist, beginnen die Kinder „Nein" zu sagen oder genauer ausgedrückt, mittels Körpersprache sich einfach zu verweigern. Ein Nein von Seiten eines Kindes wird oft überhört oder übergangen. Deshalb merkt das Kind schon bald, daß es viel wirksamer ist, zum Beispiel die Hand, die es jemandem geben soll, einfach hinter dem Rücken zu verstecken.

Die Zungenspitze

Wenn Kinder völlig in eine Sache vertieft sind, schaut häufig die Zungenspitze zwischen den Lippen hervor. Dies wird als Zeichen von Konzentration gewertet. Der Verhaltensforscher Desmond Morris sieht darin aber eine angedeutete Form des Zungeherausstreckens. Bei einer Studie in Kindergärten beobachtete man Kinder, die ganz in ihre Arbeit vertieft waren. Sobald sich andere Kinder näherten und eine Störung drohte, trat die Zungenspitze in Aktion, als ob sie sagen wollte: „Ich weise alle zurück; dieses Kind hier will in Ruhe seine Sachen machen."

Ohren zu

„Meine Tochter", so die Erfahrung einer Mutter, „fing etwa vom dritten Jahr an, sich jedesmal die Ohren zuzuhalten, wenn ich mit ihr schimpfen wollte. ‚Ich will gar nichts hören', sagte sie einfach." Wenn ein Kind nicht gehorchen möchte, so versucht es, gar nicht mehr hinzuhören, was die Eltern sagen. Noch ein amüsantes Detail: Der Junge auf dem Bild verstopft sich die Ohren und sein ganzes Gesicht unterstützt ihn dabei solidarisch. Die Augen sind zugekniffen, der Mund ist versiegelt. Mit Sicherheit schnaubt er die Luft aus der Nase aus – der Geruchssinn ist also auch außer Betrieb. Die Hände sind über den Ohren fixiert, also nicht in der Lage, etwas zu ertasten. Kurz: Alle Sinne, alle Empfänger sind abgestellt.

Augen zu

Viele Märchen handeln von der Fähigkeit, sich unsichtbar zu machen. Für ein Kind ist das problemlos: Es zieht ein Tuch über den Kopf und schon ist es verschwunden, fortgezaubert. Und dann das gespannte Warten im Halbdunkel. Uralte Angst vor Dunkelheit und vor Trennung wird wohldosiert durchlebt und mit einem kurzen Ruck am Tuch weggefegt. Dieses so simple Spiel gehört wie Verstecken und Blinde-Kuh zum obligaten Repertoire der Kindervergnügen. Sie kokettieren mit dem Unheimlichen, „ich weg, Mama weg – jetzt sind wir beide wieder da", und es in unzähligen Wiederholungen unschädlich machen. Kinder halten sich in unangenehmen Situationen ihre Schmusewindel vor das Gesicht. Oder sie verbergen es hinter den Händen, linsen zwischen den Fingern hervor. Wird der Druck von außen zu groß, so wird einfach das Gesicht abgewendet und Zuflucht bei der Mutter oder dem Vater gesucht. Leider haben wir dann im Erwachsenenalter diese Möglichkeiten nicht mehr. In einer kaum wahrnehmbaren Geste greifen wir aber ab und zu auf dieses Kindheitsmuster zurück: Wenn uns etwas zuviel wird, dann klappen wir einen längeren Moment die Augen zu.

Kind weg

Ach ja, und das allereinfachste Nein entdecken die Kinder, sobald sie laufen lernen – sie rennen davon.

Mund zu

Das Essen ist eine intime Angelegenheit. Über den Mund wird dem Körper die Nahrung zugeführt. Dabei gilt es immer zu entscheiden, was und wieviel einem bekömmlich ist und wie etwas schmeckt. In früheren Zeiten (und auch heute noch bei gewissen Völkern) kaute die Mutter oder die Amme jeweils die Speisen vor und gab sie dem Baby (wie ein Vogel seine Jungen füttert) direkt in den Mund, worin nach Ansicht von Wissenschaftlern der Ursprung des Kusses liegt.
Wenn ein Baby genug getrunken hat, öffnet es den Mund und schiebt die Flasche oder die Brust mit der Zunge weg. Aus dieser Form der Zurückweisung hat sich das Zunge-herausstrecken entwickelt, weltweit als Beleidigung aufgefaßt. Streitigkeiten unter Kindern fangen häufig mit dem Zungezeigen an, gefolgt vom Spucken, einer Handlung, die größte Geringschätzung dem anderen gegenüber ausdrückt. Kürzlich verblüffte mich mein kleiner Sohn, als er mich aufgeregt rief, auf einen Käfer deutete, vor dem er Ekel und Angst

zugleich empfand und dann mit aller Kraft das arme Tier bespuckte. Woher kannte er die symbolische Bedeutung? Es schien mir, als ob er ein beschwörendes Ritual aus magischer Urzeit vollführte.
Kommt dann die Zeit, in der das Baby im Stühlchen sitzt und mit dem Löffel gefüttert wird, preßt es den Mund zu, wenn es satt ist. Wird diese Mitteilung nicht verstanden (ach, komm, nur noch ein Löffelchen für Oma), so dreht es den Kopf zur Seite, woraus die Gewohnheit, als Verneinung den Kopf zu schütteln, entstanden sein soll. Übrigens sperren fast alle Personen, ohne es selber zu merken, den Mund weit auf, wenn sie ein Baby füttern. Ein Signal, das (solange das Kind Hunger

hat) bestens funktioniert und es dazu animiert, das Mündchen schön zu öffnen.
Alle Meldungen des Kindes, daß es genug hat, sollten respektiert werden. Mag es auch manche Mutter mit Besorgnis erfüllen, wenn ihr Kind nur wie ein Spätzchen ißt, verhungern tut es schon nicht. Jedes Kind hat nun mal sein eigenes Maß für die Menge Nahrung, die es braucht. Und wie viele Erwachsene kämpfen ein Leben lang mit ihrer Linie, weil sie es verlernt haben, Maß zu halten. Und schließlich werden wir belohnt, indem das Kind, sobald es fähig ist, allein mit dem Löffel zu hantieren, uns von seinem Tellerchen die schönsten Leckerbissen anbietet. Wenn das kein Liebesbeweis ist.

Trotzen – das ganz große Nein

„Eines Morgens“, erinnert sich eine Mutter, „wachte mein Junge, der bis dahin sehr umgänglich gewesen war, auf, und von da an war alles nur noch ‚Nein‘. Er wollte nicht aus dem Bett kommen, nicht im Bett bleiben, sich nicht anziehen, nicht frühstücken usw., wobei er sich manchmal vor lauter ‚Nichtwollen‘ widersprach“. Aber auch das gehört dazu, zum schwierigen Prozeß, den eigenen Weg zu finden. Manche Kinder sagen zuerst Nein, bevor sie das „Ja“ lernen. „Mein Kind“, so eine andere Mutter, „hat ein ganzes Jahr lang überhaupt nur Nein gesagt. Schließlich war ich so genervt, daß ich ihm einmal fest in die Augen sah und sagte: ‚Lieber Florian, kannst du nicht wenigstens einmal Ja sagen?‘ Er guckte mich lange an, dann schüttelte er den Kopf und sagte: ‚Nein, Mami.‘“

Die meisten Eltern machen die Erfahrung, daß irgendwann, so zwischen zwei und dreieinhalb Jahren das große Nein-Sagen beginnt. Im Volksmund heißt das schlicht Trotzalter. In der Psychologie wird es als die erste Autonomie-Phase bezeichnet. Bis dahin hat sich das Kind darin geübt, möglichst alles nachzuahmen, was die Großen tun. Aber jetzt will es alles auf seine Weise machen. „Ich will, so wie ich will“, brachte es meine Tochter in ihrer Trotzphase auf den Punkt. Trotzende Kinder ziehen alle nur erdenklichen Register der Körpersprache. Sie werfen sich auf den Boden, trommeln mit den Fäusten darauf, schlagen mit den Beinen. Wollen wir sie beschwichtigend hochnehmen, zappeln sie wie wild, hämmern mit den Fäusten auf uns ein, stampfen wütend mit den Füßen – alles begleitet von Schreien, Quengeln und Neinschreien.

Manchmal kann man sich des Eindrucks nicht erwehren, daß sie dieses Festival der Körpersprache auch ein bißchen genießen. Doch was wäre, wenn bei unseren Kindern diese innere Kraft nicht durchbrechen würde? Wenn sie einfach Jasager

Den Willen durchsetzen
Das Weinen ist nicht mehr wie beim Säugling ein Hilferuf; es soll nun dem Trotzen Nachdruck verleihen. Tommy hat eine tolle Schachtel als Auto. Fehlt nur noch, daß sie fährt. Die Mutter soll ihn doch ziehen, doch sie hat gerade anderes zu tun, was Tommy nun absolut nicht begreifen kann und will. Er weint und greint immer lauter und dringender. Daß es sich dabei nicht um einen echten Schmerz handelt, verraten die halbgeöffneten Augen (er will ja sehen, was sein Genörgel bewirkt). Der Mund steht halb offen (beim „richtigen“ Schreien ist er ganz geöffnet), die Mundwinkel werden nach hinten gezogen, weil sich der Unterkiefer (unterstes Bild) aggressiv vorschiebt. Er unterstützt so markant Tommys Versuch, den eigenen Willen durchzusetzen.

bleiben würden? Erst indem sie zum anderen Nein sagen, können sie den eigenen Willen, den fürs Leben unabdingbar notwendigen Eigenwillen, entwickeln. Ohne Nein kein richtiges Ja, sie gehören zusammen wie Yin und Yang, wie zwei Seiten einer Münze.

Fremdeln – das indirekte Ja

Jemand Neuen kennenzulernen ist bei den Erwachsenen stets mit Höflichkeitsritualen verbunden. Man wird einander vorgestellt, tauscht Floskeln aus, „angenehm", „ganz meinerseits", nimmt über den Händedruck dosierten Körperkontakt auf – alles wohlerprobte Eisbrecher. Nur bei kleinen Kindern soll es plötzlich ohne Zeremoniell gehen. Wir sitzen mit unserem Kind auf dem Schoß in einem Café. Eine Bekannte tritt hinzu und ist so entzückt von unserem Kleinen, daß sie ihn sogleich auf den Arm nehmen will. Das Kind schreckt zurück, birgt den Kopf an unserer Schulter, verzieht das Gesicht, fängt lautstark zu brüllen an und beruhigt sich erst, als sich die gute Frau in angemessener Distanz niederläßt.
Manchen Müttern mag es peinlich sein, wenn ihr Kind wohlgemeinte Aufmerksamkeit so undiplomatisch zurückweist. Aber eigentlich müßten sie froh sein: „Gott sei Dank, mein Kind fremdelt!"
In den ersten Lebensmonaten lassen sich die Babys willig von allen in die Arme nehmen, sofern dies auf angenehme Weise geschieht. In der zweiten Hälfte des ersten Lebensjahres fangen sie jedoch an, zwischen wohlbekannten und fremden Gesichtern zu unterscheiden. Bei den einen Kindern verläuft das Fremdeln (im Volksmund als Acht-Monats-Angst bezeichnet, weil es oft in diesem Alter auftritt) als spektakuläre Phase, bei den anderen weniger ausgeprägt. Gemeinsam ist für alle, daß die Welt anders geworden ist: Von nun an wird zwischen vertraut (= gut) und unbekannt (= Vorsicht geboten) unterschieden.
Im Grunde genommen ist es unrichtig, bei diesem so wichtigen Entwicklungsschritt nur die plötzliche Scheu vor dem Fremden zu betonen. Das Kind ist kritisch geworden und zeigt nun auch entschieden, wen es mag. Es überschüttet die ihm lieben Menschen mit stürmischen Begrüßungen. Es beginnt, seine ersten Beziehungen zu pflegen.
Bewegend ist die Erfahrung einer Mutter: „Es machte uns damals keine Sorgen, daß Tina weder für mich, meinen Mann noch eine sonstige Person ihrer Umgebung eine besondere Vorliebe zeigte und daß sie sich widerstandslos von allen fremden Leuten auf den Arm nehmen ließ. Bedenklicher erschien uns erst, als sie mit zweieinhalb Jahren jeweils aus dem Garten davonspazierte, ohne jegliches Interesse, mich wiederzufinden." Einige Jahre später stand die Diagnose fest: Tina war autistisch. Unnatürliches Stillsein, übertriebenes Bravsein wird von vielen Eltern, da weder störend noch lästig, kaum als Grund zu Beunruhigung empfunden.
Für das gegenseitige Kennenlernen brauchen Kinder ebenso wie die Erwachsenen eine Anwärmphase. Vor wenigen Jahrzehnten lernten sie, neben artig ins Taschentuch zu schneuzen, einen strammen Diener zu machen. Vielleicht war es angenehmer, schön auf Distanz zu knicksen, als bei der heutigen Küßchen-Mode der Erwachsenen mitmachen zu müssen. Am liebsten aber haben sie es, wenn die Großen den angemessenen Abstand einhalten und keine erzwungenen Zärtlichkeiten fordern. Ganz kleine Kinder lassen sich durch ein Spiel, wie das schon beschriebene „Käsewenden" gewinnen. Die Größeren nehmen, sofern man ihnen gelassen Zeit läßt (und sofern man ihnen sympathisch ist), von selbst Kontakt auf, allerdings oft auf ihre eigene, spielerische Weise. So erlebte neulich ein Freund, wie meine fünfjährige Tochter bei jedem seiner Worte eine Grimasse schnitt und ihm die „kalte Schulter" zeigte. Später saßen wir am Ufer eines Flüßchens und schon schlich sie sich von hinten an ihn heran, krabbelte mit den Fingern seinen Rücken hoch, versuchte seiner zupackenden Hand zu entwischen und ließ sich schließlich nur allzugern fangen. Das Eis war gebrochen und schmolz in einer ausgelassenen Wasserplanscherei völlig hinweg.

Wie sich eine solche Fremdel-Begegnung abspielen kann, zeigt Lyssa in dieser kleinen Fotogeschichte. Tito ist zwar kein gänzlich Unbekannter, sondern ein Freund der Familie, aber als er Lyssa einlädt, auf seinen Arm zu kommen, fällt ihre Antwort klipp und klar aus: Sie zieht sich so weit wie überhaupt nur möglich zurück.
Die Mutter redet ihr gut zu und Lyssa läßt sich auf das Abenteuer ein. Mit der einen Hand hält sie sich noch an der Mutter fest, mit dem Blick ebenfalls. Der Ellbogen, der „Verteidiger" geht vor an das linke Händchen, bleibt aber geschlossen und weist zurück zur Mutter.
Lyssa befindet sich nun genau in der Mitte und wartet erst mal ab. Sie schaut ins Leere vor sich hin; die Arme und Händchen schweben in der Luft, so wie sich Lyssa ebenfalls „in der Schwebe" – in Unentschlossenheit – fühlt. Normalerweise liebt es Lyssa über alles, hochgehoben und in die Luft geworfen zu werden. Da quietscht sie jedes Mal aus vollem Hals, legt den Kopf in den Nacken und wirft die Arme hoch. Aber jetzt hängt sie schlaff wie ein Mehlsack da. Eine Form von totalem passiven Widerstand. Lyssa teilt Titos Begeisterung ganz und gar nicht.
Sie mag nun nicht einmal mehr zu Tito hinunterschauen. Zurück in die „neutrale" Mitte richtet sie den Kopf. Und auf dem Gesicht malt sich der Zwiespalt ab: Soll ich noch lange gute Miene zum bösen Spiel machen oder besser sogleich zu weinen anfangen?
Der Körper zeigt, daß eine Entscheidung gefallen ist. Die Augen geben die Richtung an, gehen voraus. Die linke Hand streckt sich nach der Mutter aus, Kopf und Schulter drehen sich mit.

Die rechte Hand weist von Tito weg, während er seinen ganzen Charme aufbietet, um Lyssa zurückzugewinnen. Jetzt reicht's. Lyssa will weg. Sie windet sich hin und her. Das Füßchen zeigt, welchen Weg es einschlagen möchte: Hin zur Mutter. Die linke Hand greift nach ihr, die rechte ist geschlossen – der Kontakt ist abgebrochen. Es wäre nun für Tito schwierig, Lyssa gegen ihren Willen zu halten. Da würde sie zu einem zappelnden, sich windenden, schreienden Bündel werden. Aber soweit läßt es die Mutter gar nicht erst kommen.
Lyssa schaut mit einem etwas verstimmten, knappen Lächeln die Mutter an, breitet mit weit offenen Händen die Arme aus.
Mit ihrem ganzen Gewicht lehnt sie sich in die Richtung der Mutter, die sie schon umfaßt und gleich auf den Arm nehmen wird. Und eine Spur von Zufriedenheit keimt auf Lyssas Gesichtchen auf. Wie es sich gehört: Ende gut – alles gut.

Die Lüge – Nein zur Wahrheit

Wann fängt der Mensch überhaupt zu lügen an? Ich führte eine kleine Umfrage durch: Bei allen Eltern war das Kind zwischen drei und fünf Jahre alt, als sie es zum ersten Mal bei einer Lüge ertappten. Vielleicht ist dies eine Folge der ersten Unabhängigkeits-Bestrebungen (wie das Trotzen). Es ist, als wäre im Kind eine Instanz entstanden, die bei jeder Handlung fragt: Will ich das eigentlich oder nicht? Und in dieser Phase der kritischen Differenzierung könnte auch die Bereitschaft zum Lügen entstehen: Will ich so antworten, wie es die

Wahrheit (durch das moralische Vorbild der Eltern verkörpert) gebietet oder sage ich, was ich will? Nicht damit zu verwechseln ist jedoch die Flunker-Phase. Kinder tischen ihren Eltern in vollstem Ernst die phantastischsten Geschichten auf. Wie der Junge auf dem Bild. Soooo groß war der Fisch, den er gesehen hatte. Und schließlich – in der Phantasie ist ja wirklich alles möglich. Da sollten wir dankbar sein, wenn die Kinder aus ihrer magischen Weltsicht ein paar surrealistische Farbtupfer über unseren nüchternen Alltag klecksen.

Und vielleicht sind manche Lügen für Kinder erstmal nur ein Spiel: Die Wahrheit auf den Kopf stellen! Die Silbe „Un" davor – und schon wird daraus das Gegenteil, kann eine „Un"-Wahrheit produziert werden, was auch zum Ausloten aller möglichen Realitäten gehört (samt dem Erfahren der damit verbundenen Konsequenzen).

Wo beginnt eine Lüge?

Es ist gar nicht immer so klar, wo eine Lüge beginnt. Gewisse Formen des Lügens wie Heuchelei bei angeblicher Höflichkeit, Entschuldigung oder Takt, sind „strafmildernd" als Notlügen und unumgängliches „Schmiermittel" für ein mehr oder weniger reibungsloses Zusammenleben gesellschaftlich anerkannt und vielen Menschen in Fleisch und Blut übergegangen.
Bekannte Szene: Das Telefon klingelt. Aha, Tante Margrit. Die Mutter winkt dem Vater beschwörend ab. Er richtet brav aus, daß die Gewünschte leider gerade ausgegangen sei. „Aber Mami ist doch hier!" sagt der kleine Sohn unschuldig und erlebt zum erstenmal, daß seine Eltern ja ganz gerissen schwindeln können.
Der Umgang mit der Wahrheit ist kulturell verschieden. Ein Brasilianer empfindet es als höchste Beleidigung, wenn er Lügner genannt wird. Das hindert ihn aber nicht daran, auf Fragen allerlei gewundene Antworten zu erfinden, aus dem einfachen Grund, weil Neinsagen für ihn eine Form von Unhöflichkeit ist. Lieber wird er felsenfest versichern, einer Einladung Folge zu leisten (auch wenn er nicht im Traum daran denkt), als eine klare Absage zu erteilen. Lügen ist hier eine Notwendigkeit des guten Tons. Auch wird ein Händler nichts Unredliches dabei finden, mir ein kaputtes Auto als tadellos zu verkaufen. Wenn ich so dumm bin und nicht merke, was mit der Klapperkiste los ist, dann kann er doch nichts dafür. Ganz im Sinn des Bonmots von Ribeiro, einem brasilianischen Schriftsteller: „Das Geheimnis der Wahrheit ist folgendes – es gibt keine Tatsachen, es gibt nur Geschichten."

Haben Lügen kurze Beine?

Es wäre zu schön, wenn, wie in der berühmten Kindergeschichte von Pinocchio, bei jeder Lüge die Nase zu wachsen anfinge. So einfach macht es die Körpersprache auch wieder nicht. Einige subtile Hinweise gibt sie allerdings.

Der Versuch, mit wissenschaftlicher Hilfe, Lügner zu entlarven, hat zur Entwicklung des Lugendetektors geführt. Bei einer unwahren Aussage soll sich die innere Erregung (Erhöhung von Blutdruck und Atemfrequenz, Erniedrigung des elektrischen Hautwiderstandes) in den Messungen niederschlagen. Das Gerät ist nicht unumstritten (in Deutschland, Österreich und der Schweiz für gerichtliche Ermittlungsverfahren nicht zugelassen), da die gemessenen Werte offenbar auch weitgehend von der Art der Verhörtechnik abhängen.

Nun kann man ja sowieso nicht alle der Lüge verdächtigten Personen kurzerhand an eine solche Maschine anschließen. Die psychologische Lügenforschung nimmt deshalb die Körpersprache unter die Lupe.

Falsch ist die Meinung, Lügner würden sich durch übermäßiges Gestikulieren verraten. Das Gegenteil ist der Fall. Gerade im Wissen darum, daß die Gesichtszüge und Gesten verräterisch sein könnten, hält der Lügner diese ganz bewußt unter Kontrolle.

Resultat: Der Kopf verharrt in einer unnatürlich starren Lage, meistens in eine bestimmte Richtung fixiert; die Hände bewegen sich zu wenig und nicht passend zu den Worten. Die Tonhöhe steigt während der ganzen Aussage oder im kritischen Moment an. Der Redefluß ist langsamer als normal, durchsetzt von häufigen Pausen und Auslassungen. Und wird ein Lächeln riskiert, so bleibt es unvollständig und wirkt aufgesetzt.

Am wenigsten wird daran gedacht, die Füße im Zaum zu halten. Die fangen an, sich zu bewegen (am liebsten möchten wir weg), doch fällt dies häufig nicht auf, weil sie beispielsweise unter einem Tisch nicht sichtbar sind.

So könnte man also sagen, Lügen haben zwar nicht unbedingt kurze Beine (denn viele Lügner kommen ausgesprochen weit damit), aber so ganz „cool" bleibt der Körper nur, wenn er genügend abgebrüht ist.

Lügt mein Kind?

Jede Mutter und jeder Vater kommt unweigerlich in die Situation, wo es um die Frage geht, lügt nun mein Kind oder nicht?

Schaut einen ein Kind so seelenvoll an wie auf dem Bild links, wird uns kein Zweifel plagen. Meidet es jedoch unseren Blick (Bild unten), so werden wir eher verunsichert.

„Ich merke sofort, wenn meine Kinder lügen", sagt eine Mutter dazu. „Tanja verrät sich, indem sie umständliche Erklärungen abgibt, mit langen Einleitungen weit ausholt und sich dabei verhaspelt. Sie kann mir dabei nicht in die Augen blicken. Der jüngere Sohn hingegen platzt sofort heraus, er sei's nicht gewesen, was ihn natürlich verdächtig macht. Er dreht den Kopf weg und fängt schließlich an zu grinsen, wenn er in die Enge getrieben wird."

Solche oder ähnliche Verhaltensweisen stellen die meisten Eltern bei ihren Kindern fest. Sitzen die Kinder auf einem Stuhl, fangen sie meistens an, hin und her zu rutschen. Die Botschaft ist klar: „Ich möchte jetzt lieber ganz woanders sein." Den Händen scheint es auch nicht wohl zu sein bei der Sache. Sie bewegen sich auffallend häufig um den Mund herum. Die Großen sagen dann: „Was machst du denn da mit deinen Händen?" Es handelt sich dabei oft auch um den unbewußten Versuch, die unwahren Worte gar nicht erst aus dem Mund zu lassen. Das schlechte Gewissen befiehlt den Händen, den lügenden Mund zu verschließen. Während sie sich dahin bewegen, schreitet der Wille ein und pfeift die „Verräter" zurück, worauf sie auf halbem Wege stehenbleiben, nicht wissen wohin und merkwürdige, fahrige Bewegungen ausführen.

Der sichere Untergrund

Kleine Kinder wollen oben sein. Auf unserem Arm am liebsten. Sie können nicht einfach wie ein Äffchen an uns hochklettern, aber versuchen tun sie es doch. Sie zupfen am Rockzipfel, zerren an den Hosenbeinen und umklammern die Knie der Mutter, so daß sie keinen Schritt mehr machen kann. Und sie ziehen dann einfach die Beinchen an, wenn sie wieder auf die Erde gestellt werden sollen.

Da oben ist ja auch ein toller Platz – wie gemacht für Kinder. Sie haben die Übersicht, sind in sicherer Höhe und dann noch ganz nah bei der Mutter. Und über diesen engen Körperkontakt werden wir mit den kleinen Wesen vertraut; man muß sie einfach ans Herz drücken, um sie ins Herz zu schließen.

Es scheint sich hier um ein Urbedürfnis zu handeln: Alle Leute wollen Babys sofort auf den Arm nehmen. Aber auch Kinder genießen es, ihre Puppen und Teddybären zu wiegen.

Und meine Tochter sagte ganz spontan, als ich ihr erzählte, daß eine Freundin nun bald ein Baby bekäme: „Oh, da kann ich es dann herumtragen."

Und sicher hilft es auch, die Eifersucht auf ein neues Brüderchen zu vermindern, wenn die älteren Geschwister es ausgiebig und so oft wie möglich auf den Armen tragen dürfen – Grundlage einer tragfähigen Beziehung.

Wird das Baby größer und schwerer, entlasten Tragetücher und -gestelle den strapazierten Rükken und erlauben sogar ausgiebige Spaziergänge, bei denen das Kind zwischendurch ein Nickerchen machen kann, während es von unseren Schritten sanft geschaukelt wird.

Ältere Kinder suchen immer wieder diese urvertraute Nähe. Der Junge findet bei seinem Vater einen wunderbaren Rückhalt in der Menschenmenge. Von hier aus läßt sich bestens das (ein bißchen beunruhigende) Geschehen auf der Zauberbühne verfolgen.

Sich selber in die Arme nehmen

In der Kindheit erleben die meisten menschlichen Wesen verschiedene Formen von Zärtlichkeit. Sie werden gewiegt, ans Herz gedrückt, gestreichelt und geknuddelt und fühlen sich so geliebt und sicher aufgehoben. Später im Leben sind dann die beruhigenden Elternhände nicht mehr da, wenn man sich traurig oder unsicher fühlt. Doch die eigenen Hände stehen wenigstens zur Verfügung. Stehen wir fassungslos vor einem Unglück, so schlagen wir die Hände zusammen, drücken sie gegeneinander und geben uns auf diese Weise Halt, gewinnen die Fassung zurück. Frauen fahren sich bei Nervosität auffallend häufig durchs Haar, den Wunsch nach einem liebevollen Streicheln über den Kopf verratend. Trost finden wir auch, wenn wir den Kopf auf die Seite legen und uns an die eigene (hochgezogene) Schulter kuscheln. Ist uns kalt (und auch wenn die Seele fröstelt), kreuzen wir die Arme vor der Brust und fassen uns an den Oberarmen. Die Schultern weisen dabei nach vorne – der ganze Oberkörper wird rundgeschlossen. Noch runder und enger wird es, wenn wir im Sitzen die Knie anziehen, sie mit beiden Armen umschlingen, uns dabei noch leicht vor und zurückwiegen und den Kopf auf den Knien ruhen lassen.

Der Versuch, sich selber ein bißchen Sicherheit zu geben, läßt sich in vielen Situationen beobachten, wenn Konflikte oder schwierige Aufgaben ein Kind unter Druck setzen und seine ganze Selbstsicherheit herausfordern. Wie bei diesem Jungen: Andreas schaut zu, wie der Lehrer eine anspruchsvolle Turnübung vorzeigt. Er weiß, daß er bald auch an die Reihe kommen wird. Seine Mundwinkel hängen lustlos herunter. Der linke Arm (die Gefühlsseite) liegt schlaff und mutlos auf seinem Bein. Die rechte Hand, die eigentlich agieren sollte, sucht in der warmen, weichen Achselhöhle Zuflucht.

Ein lautloser Appell in Körpersprache. Die Frage ist nur: Wird er bemerkt? Oder reagieren die Erwachsenen immer nur dann, wenn durch Geschrei und Gekeife eine Reaktion unumgänglich ist? Körpersprache wäre eine Möglichkeit, auf die Bedürfnisse des Kindes einzugehen, bevor es sie in Worte fassen muß. Stillschweigende Verständigung.

Die Sprache der Gefühle

Die Innenwelt des Körpers ist das Reich der Gefühle. Wie immer wir uns ihnen gegenüber verhalten – ob wir sie beherrschen, unterdrücken, verbergen, überspielen, sie im Zaum halten oder ihnen freien Lauf lassen – sie machen sich in unserem Inneren breit und beeinflussen nachhaltig unser ganzes Leben.

Das Wesen der Gefühle

Alle Gefühle haben eine Gemeinsamkeit: Sie treiben zwar ihr Wesen in unserer Innenwelt, aber das genügt ihnen nicht – sie wollen auch noch in der Außenwelt tätig sein (Emotion kommt von lateinisch emovere = herausbewegen). Dabei bringen sie unser Äußeres in Bewegung. Als würden sie an den Fäden einer Marionette ziehen, lassen sie unsere Körperglieder tanzen.

Angenehme Gefühle führen ein angenehmes Schauspiel auf: Die Miene wird freundlich, die Arme umschlingen uns und die Hände verteilen freigiebig Zärtlichkeiten. Unangenehme Gefühle hingegen bescheren uns finstere Gesichter, düstere Blicke, drohende Fäuste usw.

Die wenigsten Eltern haben Probleme, die frohe Seite zu genießen und sich von der Freude der Kinder anstecken zu lassen. Bei den „schlechten" Gefühlen wird die Sache schwieriger. Doch die Aufteilung in „gute" und „schlechte" Gefühle verkennt, daß zum Menschsein die Fülle aller Gefühle gehört. Zwischen dem sogenannten Guten und Bösen, zwischen diesen beiden Polen, spielt sich das Leben in all seinen Schattierungen ab. Eine Seite zu bevorzugen, ihr mehr Platz einzuräumen, wirkt sich auf die Entwicklung unserer ganzen Persönlichkeit ungünstig aus. Alle unsere Seiten wollen zum Zug kommen. Wird eine Seite unterdrückt, so schmollt sie eine Weile lang vor sich hin, fängt dann an, im Inneren zu rumoren und produziert vielleicht sogar ein Krankheitssymptom oder macht sich sonst in übertriebener Weise bemerkbar.

Für Kinder kann der Aufruhr, der Widerstreit, der Ausbruch der verschiedenen Gefühle ganz schön verwirrend sein. Sie müssen lernen, nach und nach alle Gefühle ihrer Innenwelt kennenzulernen, müssen die Gefühlswelt ausloten und die vielfältigsten Erfahrungen darin sammeln.

7

Wie können wir wissen, was unsere Kinder für Gefühle haben? Wenn sie noch klein sind, verfügen sie noch nicht über die nötige Sprachgewandtheit, um sie zu formulieren. Wenn sie größer sind, haben sie oft keine Lust dazu und häufig ist es für sie sowieso schwierig, genau zu definieren, was sich da im Inneren tut. Dazu braucht es ein Training. Wie wir mit unseren eigenen und anderen Gefühlen umgehen, ist ein erstes Vorbild. Und wenn wir uns Zeit nehmen und den Kindern helfen, ihre Gefühle zu erkennen, sie in Worte zu fassen und sie dann vorbehaltlos anerkennen, so ist dies eine erste Hilfe, bei der Aufgabe, in der weiten Gefühlswelt die Orientierung zu finden.

Verletzte Gefühle

Was machen wir, wenn unser Kind das Knie aufgeschlagen hat? Wir schauen die Verletzung genau an, gehen entweder zum Arzt oder holen den Verbandskasten; kleben ein Pflaster drauf, nehmen das Kind in den Arm und singen ihm ein Trostlied. Zwar holen sich die Kinder bei ihren wilden Spielen öfter eine Schramme, aber genauso häufig werden ihre Gefühle verletzt. Diese Gefühlsverletzungen erhalten leider häufig nicht die verdiente Beachtung.
Die Körpersprache aber spricht Klartext. Wir sehen unserem Kind von weitem an, daß etwas nicht stimmt. Statt Hilfe zu leisten, wie es bei jeder äußerlichen Wunde geschieht, fragen die Erwachsenen meistens: „Was hast du denn? Was machst du für ein trauriges Gesicht?“ Genau das, was man im Moment nicht brauchen kann. Vor lauter Schluchzen und Aufregung kommt sowieso kein klares Wort über die Lippen. Da geben die Großen die Antwort dann meist gleich selber: „Ach, das geht schon wieder vorbei.“ Das Kind will das aber nicht hören.
Die Körpersprache bietet eine Menge patenter Rezepte an: Wir sagen vorerst gar nichts, setzen uns neben das Kind oder legen uns mit ihm auf das Sofa, halten seine Hand, nehmen es in den Arm, wiegen es sacht hin und her. Falls es allein

Gefühle sprechen Körpersprache
Freude, Glücksgefühle und Verliebtheit machen unser Inneres weit und leicht. Lassen die Augen strahlen und funkeln. Malen ein Lächeln aufs Gesicht und verleihen eine warme Ausstrahlung.
Ungeduld macht innerlich ganz kribbelig. Wir rutschen auf dem Stuhl herum, zappeln mit den Füßen und trommeln mit den Fingern auf den Tisch.
Geborgenheit verschafft Ruhe und Ausgeglichenheit und verleiht innere Sicherheit. Die Glieder entspannen sich und ruhen wohlig aus.
Eifersucht zieht die Brust zusammen, stochert in ihr herum und macht, daß man sich elend fühlt. Sie bringt die Gedankenmaschinerie in Gang, bis der Kopf surrt; läßt den Blick stechend und bohrend werden. Neugier öffnet die Brust und verleiht Unternehmungslust. Der Kopf richtet sich auf, der Hals streckt sich und die Nase geht voraus.
Angst schnürt die Kehle zu, drückt auf die Brust und macht alles eng. Es wird einem flau im Magen, die Knie zittern, das Gesicht wird bleich. Ein kalter Schauer läuft über den Rücken bis zum Nacken (eine uralte Reaktion aus den Tagen, als wir noch ein Fell trugen und sich bei Gefahr die Nackenhaare sträubten, so wie wir es bei Hunden beobachten können).
Traurigkeit raubt alle Unternehmungslust, lähmt die Glieder und läßt sie schwer werden. Wir fühlen den Schmerz und eine innere Leere (Unsere Energie muß jetzt ins Innere gehen und Trauerarbeit leisten). Wir wollen dann allein sein, verziehen uns in eine Ecke, unternehmen einsame Spaziergänge. Kinder verkriechen sich bei der Mutter, lutschen am Daumen und lassen ihre Tränen fließen. Ein Rückzug auf allen Ebenen.
Die Gefühle, die wir für andere Menschen empfinden, werden von der Körpersprache in einem stetigen Spiel von Nähe und Distanz verkörpert: Lieben wir jemanden, so fühlen wir uns von ihm angezogen, bisweilen sogar hingerissen. Unser Körper neigt sich in seine Richtung, wir drücken so unsere Zuneigung und Zuwendung aus.
Doch, oh Schreck, plötzlich geht ein Riß durch die enge Beziehung; wir werden abgestoßen und zeigen unsere Abneigung durch völlige Abwendung.
Wie wir uns jemandem annähern oder ihn uns vom Leib halten, drückt die Körpersprache klar aus. Ist uns jemand unsympathisch, weichen wir zurück und demonstrieren damit unsere Zurückhaltung. Beachtet der andere dieses Zeichen nicht und übertritt die Hemmschwelle, verletzt er uns mit seinem Draufgängertum.

sein möchte, sagen wir zu ihm: „Wenn du möchtest, daß ich zu dir komme, rufe mich einfach. Ich bin da.“ Kurz: Wir zeigen unser Mitgefühl.

Die Wut im Bauch

Zu den sogenannten schlechten Gefühlen gehört beispielsweise auch die Wut. Die ist nun eine heiße Sache. Aus verschiedensten Anlässen kann sie geschürt werden wie ein Feuer; sie lodert und flammt in uns auf und wir geraten in hellen Zorn.

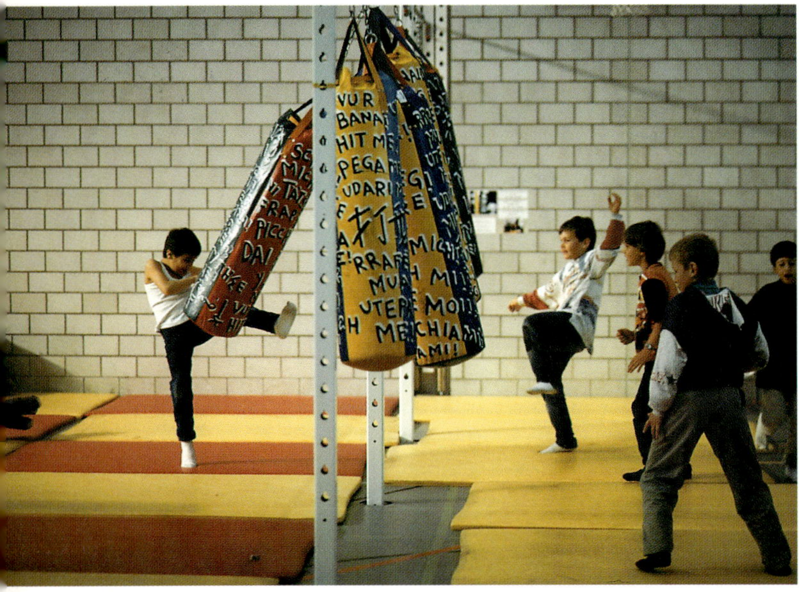

Was ist nun zu tun, damit sie schließlich vergeht und wir wieder einen kühlen Kopf haben können? Sie zu unterdrücken, bringt gar nichts. Da bleibt sie und sitzt ohnmächtig im Bauch fest. Sie wird zur stillen Wut, nagt an den Eingeweiden und verursacht Leibschmerzen und Magenweh.
Ein Wutanfall überfällt uns, fällt uns an und packt uns mit aller Gewalt. Wir haben keine andere Wahl: Wir müssen die Körpersprache zu Hilfe holen und einen Gefühlsausbruch veranstalten. Hat sich der Gefühlsansturm ausgetobt, werden die Kinder wieder heiter und angenehm. Die Psychologin Dorothy Baruch sagte dazu knapp: „Die schlechten Gefühle müssen raus, sonst können die guten nicht rein.“

Die Wut – Urmuster in unserem Körper

Bei uns vermeintlich so zivilisierten „modernen“ Menschen folgen die Körperreaktionen noch nach genau dem gleichen Muster wie schon bei unseren Vorfahren der grauen Urzeit. Normalerweise halten uns das sympathische (das antreibende) und das parasympathische (das beruhigende) Nervensystem im Gleichgewicht.
Bei einer unvermittelten Gefahr oder wenn uns etwas in Rage bringt, löst der Sympathikus einen Adrenalinstoß aus, der unseren ganzen Organismus auf Hochtouren bringt: Das Herz pumpt aus Leibeskräften, die Blutgefäße der Hautregion (wir erbleichen) und der Eingeweide verengen sich zugunsten einer besseren Durchblutung der Muskeln und des Gehirns (worauf das Gesicht sich rötet). Der Blutzuckerspiegel wird erhöht und die Speichelproduktion verringert sich.
Unser Körper wird in einen Zustand versetzt, der Höchstleistungen ermöglicht: Die Müdigkeit ist wie weggeblasen, das Gehirn voll reaktionsfähig, die Muskeln sind „startbereit“, die Lungen sorgen für reichlich Sauerstoff, ein Schweißfilm überzieht kühlend die Haut. All dies war äußerst sinnvoll für unsere Vorfahren, die plötzlich einem Feind oder einem wilden Tier gegenüberstanden. In einem rettenden Spurt oder einem kühnen Angriff mußten sie der Situation Herr werden und verbrauchten dabei den ganzen „inneren Kraftstoff“. Wir dagegen sitzen im Auto, auf dem Bürostuhl oder in der Wohnung – wütend aber werden wir immer noch. Auf den Chef, den Nachbarn, den Ehemann/die Ehefrau, ja, und natürlich auch auf unsere Kinder.
Der Sympathikus bringt den ganzen inneren Zirkus in Gang, doch leider für die Katz', denn wir müssen uns meistens beherrschen, anständig und ruhig bleiben. Und all die Körpersäfte werden nur unzulänglich, langsam abgebaut, was auf die Dauer den Körper anfällig macht für die sogenannten „Stress“-Krankheiten.

Was tun?

Wie wir mit unseren Wutgefühlen umgehen, hat auch wieder Vorbildfunktion für unsere Kinder. Es muß ja nicht gerade ein Tobsuchtsanfall sein, den wir dem Kind vorleben. Wir können dem Kind aber sagen, wer oder was uns wütend gemacht hat.
Dann zeigen wir, was wir von ihm gelernt haben: Boxen in die Luft, schlagen auf ein Kissen, drehen ein paar Joggingrunden um den Salontisch. Egal, ob andere uns kindisch nennen, wir müssen uns einfach etwas einfallen lassen. Das Geheimrezept heißt Bewegung, denn nur über aktive Muskeltätigkeit können wir den Parasympathikus bei der Arbeit unterstützen und das innere Gleichgewicht wiederherstellen.

Statt daß der Kragen platzt

Manche Eltern strapazieren sich selbst mit einem übermenschlichen Geduldsanspruch. Sie haben zwar eine Mordswut auf ihr Kind, aber säuseln (zwischen zusammengepreßten Zähnen): „Ach Liebling, das solltest du wirklich nicht tun." Dazu schleudern die Augen Zornesblitze. Das Kind sieht den wütenden Blick, die verkniffene Miene, wird aber durch den falschen Klang der Stimme ermutigt, darauf zu pfeifen. Es weiß nun nicht, ob es den sanften Worten oder der Körpersprache Glauben schenken soll. Ergebnis: Der Erwachsene wird unglaubwürdig.

Kinder als Beobachtungsexperten merken sowieso, wenn uns beinahe der Kragen platzt (es wird soviel Blut bei einem Wutanfall ins Gehirn gepumpt, daß der Hals leicht anschwillt und leicht übertrieben, aber anschaulich ausgedrückt, den Kragen zu sprengen droht). Zwecklos also, die Wut verbergen zu wollen. Nur gilt es, wenn wir unserem Ärger Luft machen, zwischen Person und Sache zu trennen. Wir mögen nicht, wenn es seine neuen Turnschuhe im Regen stehen läßt; das heißt aber nicht, daß wir das Kind deswegen nicht mehr mögen.

Es macht uns wütend, wenn es bestimmte Sachen tut oder eben nicht tut, und diese Wut dürfen wir ruhig mit allen Kunstgriffen der Körpersprache zeigen.

Eine Familie erfand dafür eine praktische Einrichtung: Sie stellten eine große Kiste in den Keller. Alle leeren Flaschen wurden daneben deponiert. Wurde jemand von der Wut gepackt, so ging er einfach hinunter und schmiß so viele Flaschen an die Wand, wie er wollte.

Dampf ablassen ist wichtig

Auf dem Spielfest wird kein Kräfteaufwand gescheut. Die Kids kicken gegen Sandsäcke (Abbildung links) und erfahren dabei, daß eine Menge Gleichgewichtsgefühl für einen guten Fußtritt nötig ist. Mit einem gewaltigen „Urschrei" (Abbildung oben) mußte die Phonzahl auf einer Lichterskala in die Höhe gejagt werden. Einmal so richtig häßlich alle Haßgefühle rauslassen. Und so, wie sich früher der „Hau-den-Lukas" auf den Jahrmärkten großer Beliebtheit erfreute, so mußte auch an dieser Kraftmaschine (Bild unten) der Zeiger mit aller Gewalt ins rote Feld getrieben werden. Im Alltag sollte es mehr solcher Ventile geben.

Ich möchte dazu noch ein Beispiel anführen. Eine Mutter kam nach Hause und sah ihren Sohn mit einem Wutanfall auf dem Boden liegen. „Mein Mann stand nur da und sagte: ‚So, du Kinderspezialistin, nun zeig, wie du damit umgehen kannst.' Ich griff nach Stift und Papier, kniete neben das Kind, das immer noch schrie und um sich trat, und sagte: ‚Hier, zeig mir, wie wütend du bist.'

Joshua sprang sofort auf und begann voller Wut Kreise zu zeichnen. Dann zeigte er sie mir und erklärte: ‚So wütend bin ich!' Ich sagte: ‚Du bist wirklich sehr wütend', und riß noch ein Blatt vom Block ab. ‚Zeig mir mehr', ermunterte ich ihn. Er kritzelte wütend auf der Seite herum und wieder meinte ich: ‚Junge, so wütend!' Wir wiederholten das Ganze noch einmal. Als ich ihm das vierte Blatt reichte, wirkte er schon entschieden ruhiger. Er schaute es lange an. Dann meinte er: ‚Jetzt zeige ich dir meine glücklichen Gefühle', und er zeichnete einen Kreis mit zwei Augen und einem lächelnden Mund. Das war unglaublich. Nach zwei Minuten hatte sich seine Hysterie in ein Lächeln verwandelt – nur weil ich ihn seine Gefühle zeigen ließ und sie anerkannt hatte."

(nach Faber/Mazlish)

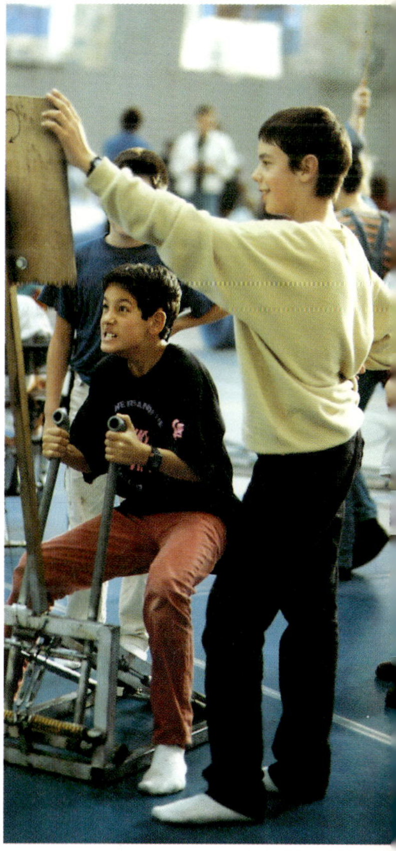

Zwiespältige Gefühle

„Du bist für mich wie ein Bruder oder eine Schwester", sagen wir zu einem Menschen als Beweis unserer tiefen Freundschaft. Wir gehen von der Ansicht aus, daß die Liebe zwischen Geschwistern besonders groß und stark sein müsse. Und tatsächlich gibt es viele Beispiele für solche innige Beziehungen, die ein ganzes Leben überdauern. Häufig nimmt der ältere Teil eine Beschützerrolle ein (wie auf dem Bild links in der Mitte: Der kleine Bruder ist gestürzt und der große nimmt ihn tröstend in die Arme). Auch umgekehrt funktioniert es. So erlebt eine Mutter, daß jedesmal, wenn sie mit der älteren Tochter schimpfen will, der kleinere Bruder kommt und auf sie einschlägt. Er verteidigt seine Schwester mit der ganzen Kraft seiner zwei Jahre.

Geschwister gehen Hand in Hand, liegen aneinander gekuschelt im gleichen Bett, zeigen ihre innere Bindung mit allen Zeichen äußerer Verbundenheit (wie die beiden Brüder auf dem Bild links oben). „Ich wollte unbedingt, daß mein neun Jahre jüngerer Bruder in meinem Zimmer schlief", erinnert sich meine Nichte. „Manchmal weinte ich nachts an seinem Bettchen; es machte mich traurig, daß er eines Tages groß und nicht mehr so ein herziges Baby sein würde."

Doch dies ist nur die eine Seite. Gerade weil die Beziehung zwischen Geschwistern so gefühlsbeladen ist, kommt es unausweichlich zur Konfrontation, was wörtlich bedeutet: Stirn gegen Stirn gegenüberstellen (so wie es die zwei Brüder auf dem Bild links unten beim Streit um ein Spielzeug demonstrieren). Große Nähe verursacht nicht nur, sondern ermöglicht überhaupt erst eine Auseinandersetzung. Streiten unter Geschwisterm könnte so gesehen auch ein Training sein, für die hohe Kunst der Konfliktbewältigung. Bei manchen Geschwistern scheint das ständige Necken, Sticheln, Hänseln, Provozieren, einander auf die Palme bringen, unvermeidlich dazuzugehören. Wer schon einmal einen Wurf junger Hunde oder Katzen beobachtet hat, der weiß, daß es auch bei den so süßen, kleinen Tierchen ganz schön happig zugehen kann. Es wird gefaucht und geknurrt, wahllos in Ohren und Beine gebissen – und haben sie sich ausgetobt, liegen sie wieder Bauch über Kopf in einem dichten Knäuel zusammen. Als Eltern ist man ebenfalls immer wieder überrascht davon, wie schnell die Szenen wechseln: Eben noch verfolgen sie einander durch die ganze Wohnung, schmettern die Türe vor der Nase des anderen zu, kreischen in den höchsten Tonlagen und schon sind sie dabei, eine neue Abfahrtsrampe für die Autos zu bauen. „Ich habe meinen Bruder eigentlich immer gern gehabt", erinnert sich ein Bekannter von mir. „Aber ich war wie ein kleines Teufelchen. Ich mußte ihn einfach stets provozieren. Stand ein Krug mit Saft auf dem Tisch, schenkte ich alles mir selber ein. Nur um ihn zu ärgern. Ich konnte es nicht lassen; wegen jeder Kleinigkeit mußte ich einen Streit vom Zaun brechen."

Geschwister sind nicht immer Freunde

Viele Eltern wünschen sich nichts mehr, als daß ihre Kinder so richtig tolle Freunde würden, die in jeder Lage zueinander halten. Aber wieso sollen sich eigentlich Geschwister a priori mögen? Auch hier spielen Sympathien oder Antipathien eine große Rolle. Bei mehreren Geschwistern wird ein Lieblingsbruder bzw. -schwester ausgewählt. Rivalitäten und Neid können entstehen. Und je nach Altersphase wird sich die Beziehung verändern – mal enger, mal distanzierter sein. Insofern ist sie dem gleichen Gemisch verschiedenster Gefühle unterworfen wie alle anderen Beziehungen auch; sei es zwischen Eheleuten, einem Liebespaar oder Kinder- und Jugendlieben. Mit dem zusätzlichen Handicap allerdings, daß sich alles auf dem (manchmal einengenden) Schauplatz des Familienlebens abspielt, wo die Eifersucht einen großen Platz einnehmen und nachhaltig die Atmosphäre aufwühlen kann.

Über die Eifersucht

Kleine Episode: Ich gehe in den Garten. M. rennt mir entgegen, drückt den Kopf an mich. Ich beuge mich hinunter und streichle ihr übers Gesicht. Doch da rennt schon T. herbei, drängt sich zwischen uns, packt mich am Arm, stürzt sich auf M. und die beiden überkugeln sich und werfen mich beinahe über den Haufen. Sind das meine stürmischen Kinder? Nein, sie benehmen sich eher wie kleine Hunde.

Eifersucht spielt überall eine Rolle. Zwischen Berufskollegen, Schulkameraden, Liebespaaren, aber eben auch bei Tieren und natürlich zwischen Eltern und Kindern. Die Erwachsenen versuchen oft, ihre Eifersuchtsgefühle zu verbergen und gehen einem dann mit ihrer Verstimmt- und Gereiztheit unsäglich auf die Nerven. Kinder können uns auf die Frage „Warum beißt du deine Schwester in die Hand?" nicht klipp und klar Auskunft geben: „Weil ich halt eifersüchtig bin". Doch ihre Körpersprache gibt deutliche Hinweise. Der Junge auf dem Bild oben läßt uns das Blut gefrieren mit seiner Drohgebärde. Sein forschender Blick zur

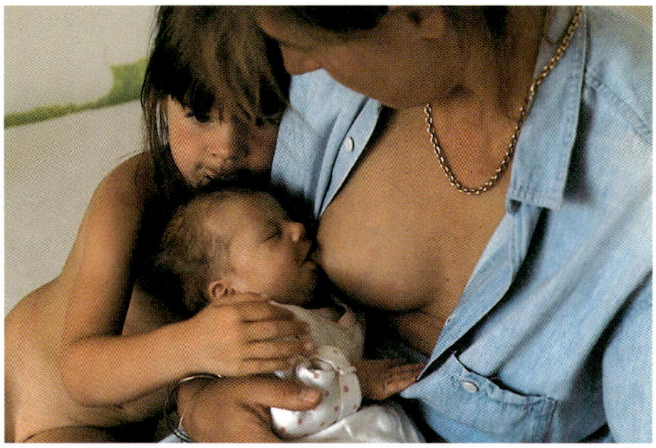

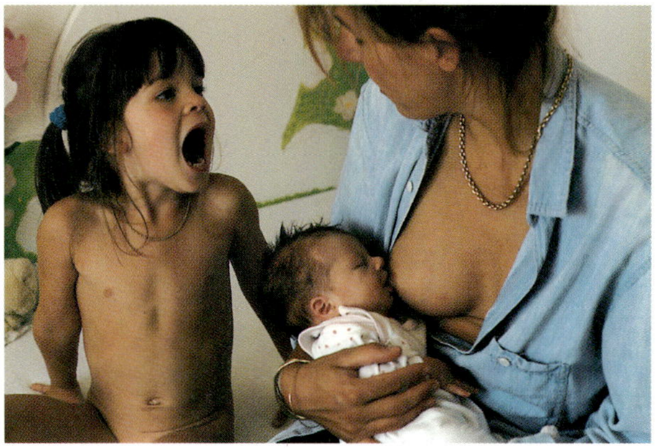

Mutter zeigt, daß er sich über sein Tun genau im Klaren ist. Er will ja gerade eine Reaktion provozieren.

Natürlich ist die Körpersprache nicht immer so dramatisch. Die Kinder zupfen am Ärmel, wenn das Telefongespräch ihrer Meinung nach schon viel zu lang dauert. Sie wollen auf unseren Schoß, wenn wir mit der Freundin in ein Gespräch vertieft sind. Sie fangen an, Unfug auszuhecken, wenn ein Besuch zuviel Aufmerksamkeit erhält. Sie drängen sich zwischen die Eltern, wenn die mal ein Schmusestündchen haben möchten.

Wie reagieren?

Bei diesen Eifersüchteleien sollten die Eltern nicht unwirsch reagieren. Sie dürften sich ruhig ein bißchen geschmeichelt fühlen, denn sie sind ein Beweis dafür, daß die Eltern den Kindern nicht einfach gleichgültig sind. Schließlich sind sie ja im Leben ihrer Kinder die allerersten „Geliebten", und da gehört nun mal eine gewisse Portion Eifersucht dazu. Wenn sie allerdings übermächtig wird und keinen Platz mehr für andere Gefühle läßt, dann wird die Lage kritisch.

Die Eifersucht ist äußerst erfinderisch, wenn es darum geht, Strategien auszudenken, um entweder dem Rivalen zu schaden oder die Aufmerksamkeit der geliebten Person zu erregen. Oft geht jedoch der Schuß nach hinten los: Die Mutter oder der Vater sind so verärgert über das Verhalten, daß das Kind zu den nagenden Eifersuchtsgefühlen auch noch Tadel einstecken muß.

Unbewältigte Eifersucht (nicht nur auf kleinere, häufig auch auf die großen Geschwister) kann im Inneren des Kindes viel Schaden anrichten. Sie macht das Kind unglücklich, führt dazu, daß es zum Beispiel wieder mit Bettnässen anfängt oder daß es allgemein „schwierig" wird. Genaues Beachten der Signale in Körpersprache und Zeit für einfühlsame Gespräche ist da angesagt. Unter Umständen ist sogar die Hilfe einer außenstehenden Person zur Klärung der Situation vonnöten.

Das Geschwisterchen ist da

Viele Kinder freuen sich auf einen kleinen Bruder oder eine Schwester. Ist das Baby dann da, sieht die Sache oft anders aus. Daß die Mutter und das Baby beim Stillen innig zusammen sind, dürfte schwer zu ertragen sein.
Anja drückt sich mit verkniffenem Mund und stechendem Blick an die Mutter. Sie hat die Hand auf das Baby gelegt und versucht, es wegzuziehen. Als die Mutter sie zurechtweist, schreit sie. Es tut ihr sicher gut, ihrer Empörung Luft zu machen, doch ist das für die Mutter kein entspanntes Stillen.
Sarah verhält sich still, deshalb müßte sie ganz besonders mit Aufmerksamkeit bedacht werden. Sie gibt sich selbst mehr Wichtigkeit, indem sie breitbeinig dasteht und den Bauch herausdrückt. Mit der linken „Gefühls"-Hand stärkt sie sich selbst den Rücken, während die rechte in der vertrauten „Trost-bei-sich-selbst"-Berührung am Mund gelandet ist. Sarah versucht, ihr ganzes Selbstbewußtsein aufzubringen, um die Situation zu meistern. Sie könnte dabei aber überfordert sein. Dann besteht die Gefahr, daß sie den Kummer in sich verschließt.
Tim nähert sich so ungestum dem Baby, daß die Mutter erschrickt und den Angriff unwirsch abwehrt. Sie hält seine Hand fest und schützt das Baby.
Nina darf den Kopf auf das Bein der Mutter legen. So liegt sie, zwar nicht gerade überglücklich aber entspannt da; zieht sich ganz in die Babyrolle zurück; saugt am Schnuller, spielt mit der Schmusewindel und durch die streichelnde Hand weiß sie, daß die Mutter die Situation nicht ändern, aber doch verstehen kann.

Schlechte Gefühle müssen raus

Dieses Buch will kein Erziehungsratgeber sein. Da aber die Eifersucht das Familienleben oft nachhaltig durcheinander bringt, wären ein paar gute Ratschläge wahrscheinlich willkommen.
Diese finden Sie in dem ausgezeichneten Buch „Hilfe, meine Kinder streiten".
Zwei amerikanische Familientherapeutinnen zeigen, wie Eltern die Gefühle ihrer Kinder wahrnehmen und akzeptieren lernen und wie sie Gesprächsformen zur Bewältigung von Konflikten entwickeln können. Als kleine Kostprobe zitiere ich die eindrückliche Passage, in der eine Mutter schildert, wie sie den Grundsatz, die Gefühle der Kinder ernstzunehmen, bei ihrer siebenjährigen Tochter ausprobiert hatte: „Seit längerem spüre ich, daß Melissa eifersüchtig auf ihre dreijährige Schwester ist. Nicht, daß sie gemein zu ihr wäre. Sie schlägt sie nicht oder so was. Irgendwie behandelt sie sie nur wie Luft. Aber bei Melissa weiß man nicht, woran man ist. Sie redet nicht über ihre Probleme. Nun bat ich Melissa, als die Kleine gerade ein Schläfchen machte, sich neben mich auf die Couch zu setzen. Ich nahm sie in die Arme und sagte: ‚Ich bin froh, daß wir zwei mal allein sind. Ich hab schon so lange nicht mehr mit dir allein geredet. Ich habe nachgedacht. Manchmal muß eine kleine Schwester ein ganz schöner Klotz am Bein sein. Du mußt alles mit ihr teilen, dein Zimmer, dein Spielzeug – ja, sogar deine Mutter.' Es war, als wäre ein Damm gebrochen. Sie konnte gar nicht aufhören zu reden und ich traute meinen Ohren nicht, was ich da alles zu hören bekam. Sie sagte so fürchterliche Sachen, wie sehr sie sie haßte, daß sie sich manchmal wünschte, sie wäre tot. Mir wurde ganz schlecht. Gott sei Dank klingelte das Telefon. Ich weiß nicht, wie lange ich das noch ertragen hätte. Als ich an diesem Abend noch mal nach den Kindern schaute, traute ich meinen Augen kaum.
Die beiden schliefen Arm in Arm in einem Bett!"
Es ließen sich noch viele Geschichten zu diesem Thema anführen. Allen ist gemeinsam, daß die von den Eltern so innig gewünschte Harmonie zwischen ihren Kindern nur über das ehrliche Akzeptieren aller Gefühle möglich ist. Die paradoxe Quintessenz aus diesem sehr lesenswerten Buch ist: „Gute Beziehungen zwischen den Kindern erzwingen zu wollen, führt dazu, schlechte Gefühle freizusetzen. Schlechte Gefühle zuzulassen, führt dazu, gute Gefühle freizusetzen."
(nach Faber/Mazlish)

Über den Kampfgeist

Kinder wollen nicht nur lieb und brav sein (das wäre ja entsetzlich fade). Sie wollen auch mal wild sein, gefährlich, furchterregend und schrecklich laut. „Sei doch nicht so aggressiv", heißt es dann bald von seiten der Erwachsenen. Dabei sind die Kinder nur dabei, in ihren phantasievollen Rollenspielen all das auszuleben, was als Erbe aus der einstigen Jägerzeit des Menschen noch in ihren Knochen steckt und an die Oberfläche drängt. Aggression an sich ist nicht einfach negativ. Sie ist

Eine Drohgebärde
Der Junge (in der Mitte des Bildes) spielt mit ein paar Kindern Riesen-Mikado. Und plötzlich ist es aus mit dem Frieden: Wie ein kleiner Wolf zeigt er die Zähne. Seine linke Gefühlshand umklammert fest die Stäbe und die rechte Hand richtet er in die Luft, als wäre sie eine Rakete, bereit zum Abschießen. Die aggressive Drohgebärde tut ihre Wirkung. Die anderen Kinder sitzen reglos da; der Junge rechts ist ganz verwirrt. Er läßt seine rechte Aktionshand defensiv auf dem Bein ruhen; schiebt vorsorglich zur Verteidigung die rechte Schulter vor. Er könnte ja seine Mikado-Stäbe gegen den wilden Jungen richten; aber er hält sie nur lose mit der linken Hand fest – unschlüssig, wie der so überraschenden aggressiven Haltung zu begegnen sei.

Aggressionen abbauen
Wütend werden unsere Kinder aus verschiedenen Gründen immer wieder. Daß sich im Inneren eine aggressive Grundstimmung breitmacht, kann mit körperlichen Aktionen vermieden werden. Hier einige Ideen, bei denen sich die Kraft-Energie im günstigsten Fall in Kreativität umwandeln kann:

• In Wald und Feld zu spielen und zu klettern, Hütten zu bauen und Verfolgungsjagden durchzuführen, sind sicher immer noch die besten Mittel. In Großstädten muß auf Robinson-Spielplätze oder Freizeitanlagen ausgewichen werden.

• Eine Matratze auf den Boden legen, eine Menge Kissen dazu und nun darf gehopst, geschlagen und auch eine richtige Kissenschlacht geliefert werden.

• Mit zwei Matratzen oder Matten auf dem Boden eine Arena für „Friedenskämpfe" einrichten. Die Kameraden oder Familienmitglieder können nun vom Herausforderer zum Zweikampf eingeladen werden. Bedingung: Das Einverständnis vom Partner muß vorher eingeholt werden und zum Schluß gibt es nach englischem Fair-Play-Vorbild einen ordentlichen Händedruck.

• Ist man von der Balgerei fast k.o., kann noch ein Grimassen-Wettkampf angehängt werden, damit auch die allerletzten Gesichtsmuskeln müde werden.

• Dem Vater oder der Mutter eine Massage geben. Anfänglich darf sie ruhig handfest vor sich gehen. Mit der Zeit wird sie von allein sanfter – am Schluß sind alle schön entspannt.

• Feuer übt auf Kinder eine große Anziehungskraft aus. Wo immer sich im Freien Gelegenheit ergibt, etwas zu verbrennen (alte Zeitungen, Gartenabfall etc.), sollten die Kinder die Kraft dieses Elements spüren. Vielleicht läßt sich auf der Glut auch noch eine Wurst oder ein Stockbrot braten.

• Einen Teig herzustellen braucht ganz schön Muskelkraft. Warum nicht ab und zu ein Brot selber backen und die Kinder den Teig kneten lassen.

• Die Küche ist überhaupt ein spannendes Betätigungsfeld. Einen Berg Gemüse mit einem Messer kleinschneiden, gibt wirkliche Befriedigung, weil man mit einem „gefährlichen" Gegenstand wie die Erwachsenen hantieren darf.

• Möbel umräumen und Räume neugestalten.

• Zu fetziger Musik tanzen.

• Pappestücke an die Wand heften und mit Farben bemalen.

• Das Bilderbuch „Wo die wilden Kerle wohnen" ist für Kinder eine sehr gute Möglichkeit, in der Phantasie das Wild-, Stark- und Lautsein auszuleben. Es ist für ca. drei- bis siebenjährige Kinder geeignet.

• Je nach nachbarschaftlichen Verhältnissen ein kleines Krach-Orchester aufstellen. Auf alten Pfannen herumzuscheppern, auf Holzkisten herumzutrommeln, tut unwahrscheinlich gut.

eine Form von Lebensenergie, von Vitalität und Durchsetzungsvermögen. Ein Leben ohne diese Komponente wäre wie eine Suppe ohne Salz. Und ein Mensch ohne die Fähigkeit, im richtigen Moment seine kämpferische Seite herauszukehren, steht im Leben auf ziemlich verlorenem Posten.
In der Körpersprache steigert sich Aggression über verschiedene Stufen: Zuerst sendet der Blick Warnungen aus; dann folgt die drohende Miene mit „aggressiv“ vorgeschobenem Kinn. Nützt das alles nichts zur Abschreckung, erheben sich die Hände und zeigen die Bereitschaft zum Zuschlagen. Die Haltung wird aufrichtend und elastisch. Die Füße verankern sich breit und fest auf dem Boden.
Am Schluß ist der ganze Körper gespannt wie ein Pfeilbogen, und – ja, was nun?
So, wie Wut über körperliche Ventile Auslaß finden will, so will auch der Kampf-“Geist“ unserer Vorfahren ein Betätigungsfeld haben. Ist das nicht vorhanden, so staut sich die Kraft-Energie an und führt zu einer aggressiven Grundstimmung. Gleichzeitig kommen all die Erlebnisse und Erfahrungen dazu, wie Frustrationen, Enttäuschungen und Ungerechtigkeiten. Können diese nie durch ein Gespräch aufgearbeitet und verarbeitet werden, so entlädt sich der Aggressionsstau meist völlig unvermittelt zum falschen Zeitpunkt, am falschen Ort und an einem unschuldigen Opfer. Oder ebenso schlimm: Er richtet sich gegen die eigene Person, führt zu einem selbstzerstörerischen Verhalten und zu Depressionen.
„Manchmal bin ich so geladen“, sagte ein Jugendlicher zu seiner Lehrerin, „daß ich einfach nicht weiß wohin damit.“
Die Kampf-Energie muß als vollwertiger Teil in unsere Gesamt-Persönlichkeit integriert werden, damit sie nicht ein unkontrolliertes Eigenleben entwickelt. Früher mußten Kinder in Haus und Hof tatkräftig mitanpacken und dabei wurde die Kraft-Energie in nützliche Arbeit umgewandelt. Heute stehen unsere Wohlstandsgesellschaftskinder kaum noch vor einer echten Herausforderung. Ein Ventil muß also gefunden werden. Dafür sind viele Arten von Sport und Spiel geeignet.

Eine Unterwerfungsgeste
Auch bei diesem Bild wirkt (wie beim Fletschen der Zähne links) ein biologisches Urmuster aus unserer Vorzeit mit. Doch diesmal signalisiert die Körpersprache das genaue Gegenteil. Diana ist neu in einer Spielgruppe. Sie fühlt sich noch unsicher, und als Michael an den Tisch tritt, wo sie mit einer Puppe spielt, greift sie instinktiv zur klassischen Unterwerfungsgeste: Sie legt den Kopf zur Seite und damit liegt ihre verletzlichste Stelle – die Kehle – bloß. Diana bleckt ebenfalls die Zähne. Aber der Mund steht nur halb offen; die Stellung zeigt die Möglichkeit, sich entweder in ein richtiges Lächeln zu verwandeln oder falls nötig (wenn Michael ihre Friedens-Geste nicht akzeptieren sollte) in Kampfbereitschaft. Die Augen blitzen neckisch in Michaels Richtung und verraten, daß ihnen die erste Variante lieber ist – sie möchten mit dem ganzen Gesicht zusammen lachen.
Bei vielen Tieren funktioniert diese sogenannte Demutsgebärde als Schutzmechanismus. Junge Hunde werfen sich sofort auf den Rücken, wenn ein erwachsener Hund auftaucht, legen den Kopf zur Seite und bieten ihre Kehle zum Todesbiß an. Sie bewirken damit eine sofortige Beißhemmung. Der große Hund wird an dem Welpen herumschnüffeln, ihn aber ansonsten in Ruhe lassen. Kommt er dann zu seinem Herrchen, vollzieht er dasselbe Ritual, legt sich auf den Rücken und zeigt, daß er als großer, starker Hund die Dominanz seines Herrn anerkennt.
Bei den Erwachsenen nehmen Frauen oft unbewußt diese Pose einem Mann gegenüber ein. Sie halten sich über die „Beißhemmung“ vorsorglich schon mal alle Aggressionen fern. Darüber hinaus bewirken sie beim Mann ein Überlegenheitsgefühl, was ihn unweigerlich „geneigt“ stimmt.
In der Werbung wird der Effekt dieser Pose raffiniert ausgenutzt. Auf Plakaten oder in Werbe-Spots müssen die Modelle auffallend häufig diese Haltung einnehmen.

Die Faszination der Aggression

Die alten Römer waren klug; sie wußten genau, daß sie ihr Volk bei der Stange halten konnten, wenn sie ihm (neben dem Brot) nur genügend Schauspiele offerierten. Beim Nervenkitzel der Gladiatorenkämpfe wurde soviel Dampf abgelassen, daß die Untertanen nachher wieder schön brav ihr Leistungssoll erfüllten.
Auch heute noch üben Schaukämpfe auf die Menschen eine große Faszination aus. Millionen Menschen sitzen vor dem Fernseher und verfolgen einen Boxkampf (bei dem es nebenbei um Millionen geht). Und unzählige Videocassetten werden mit brutalen Filmen der schlimmsten Art gefüllt. Diese finden reißenden Absatz bei Kindern, werden heimlich gehandelt und an freien Nachmittagen in der guten Stube konsumiert, wenn die Eltern gerade außer Haus sind.
„Früher konnte ich nachts nicht mehr schlafen, wenn nur ein Revolver im Fernsehen auftauchte. Dann habe ich immer mehr mit Kollegen ferngesehen und mich so langsam daran gewöhnt. Bin einfach abgestumpft", erzählt eine Bekannte von mir, deren Kindheit noch nicht allzuweit zurückliegt. Ob das wohl erstrebenswert ist, daß die Kinder sich an Gewaltverherrlichung gewöhnen? Körpersprache wird ja (wie im ganzen Buch aufgezeigt worden ist) ganz mühelos über alle Aufnahme-Kanäle gelernt. Wie verhält es sich nun mit dem stundenlangen Konsumieren der Körpersprache in allen Variationen von Bestialitäten via Bildschirm? Ob das wohl einfach nur so an den Kindern abperlt, ohne Spuren zu hinterlassen? Früher haben Kinder mit Zinnsoldaten gespielt. Bei den Schlachten, die diese ausfochten, ging es auch nicht zimperlich zu. Nur, die Figuren blieben immer genau gleich klein und unbeweglich; das ganze Schlachtgetümmel mußte in der Phantasie stattfinden, während die Hände des Kindes beschäftigt waren, um all die Truppenverschiebungen vorzunehmen.
Vor dem Fernseher ist der Körper untätig, sitzt nur ruhig da. Wo kann denn das „theoretisch" gelernte nun in der Praxis angewendet werden? Zweifellos sind die Sitten auf den Schulwegen und -höfen härter geworden. Kürzlich kam der für seine elf Jahre eher kleine und schmächtige Sohn meiner Schwester überglücklich nach Hause: „Mami, ich finde das total geil. Ich habe einen Deal gemacht. Ich gebe Tolga (dem Stärksten der Klasse) jede Woche zwei Franken (das ganze Taschengeld) und dafür beschützt er mich gegen alle anderen." Ein Schutzgeld, wie bei der Mafia.

Alles fängt eigentlich ganz harmlos an bei dieser Fotogeschichte. Die drei Jungen treffen sich zufällig auf dem Platz. Rundherum stehen Zelte, in denen Theater gespielt wird. Viele Leute kommen zusammen und für die Kinder liegt allerlei Spielmaterial bereit. Die drei schnappen sich also ein Seil. Sie legen sich mit lachenden Gesichtern mächtig ins Zeug.
Doch bald ist klar, daß der „Gestreifte" Platzhirsch sein will. Und das Kräftemessen beginnt. Die zwei anderen verbünden sich gegen ihn, spannen zusammen, ziehen in die andere Richtung.
Da hört der Spaß auf. Der „Gestreifte" stößt den einen Jungen weg und entreißt ihm das Seil. Dann zerrt er es dem anderen weg, der schon das Schlimmste befürchtet und abwehrend die Hände hebt. Das nützt ihm aber gar nichts. Mit einem Gesicht, so kalt, daß man das Frösteln kriegt, geht der „Boss" auf ihn zu und packt ihn ohne Federlesen an der empfindlichen Stelle, an der Gurgel.
Der Junge, der als erster malträtiert worden ist, hat in der Zwischenzeit die Ablenkung ausgenutzt und versucht, wieder an das Seil zu kommen. Doch der „Gestreifte" läßt nichts durchgehen. Mit einem gut gezielten Tritt wirft er jenen vollends aus dem Spiel.
Ob ihm sein Triumph wohl „schmeckt"? Die Herrschaft hat er errungen, die Dominanz ausgekostet. Er hat es allen anderen gezeigt – er ist der Stärkste. Nur ist jetzt niemand mehr da, mit dem er zusammen Spaß haben könnte.

Der Raum um den Körper

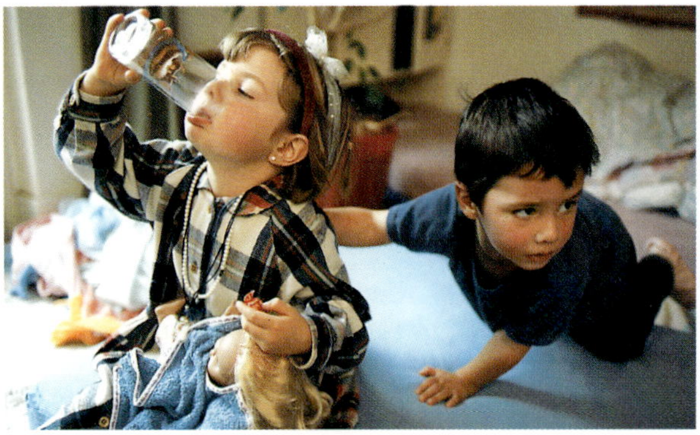

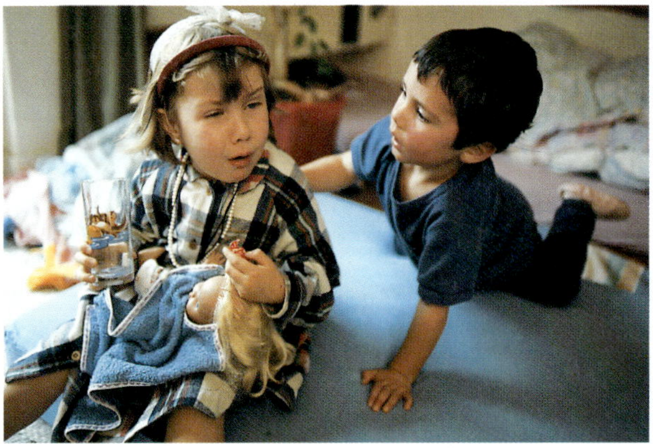

Der Körper beansprucht Raum. Und sobald jemand einen Platz für sich mit Beschlag belegt, stellt sich die Frage: „Wem gehört er?"
Für ein Baby ist die Antwort einfach: „Alles gehört mir". Es unterscheidet noch nicht zwischen sich und den anderen; es hat das Gefühl: „Ich bin alles – und deshalb gehört alles rundherum auch zu mir." Im Krabbelalter, wenn es anfängt seine Streifzüge zu unternehmen, wird es mit den ersten Grenzen konfrontiert. Energische Worte, vielleicht sogar einen Klaps auf die Finger, lernt es kennen, sobald es der Stereoanlage oder dem Gläserschrank zu nahe kommt.
Immer mehr Gebiete werden zur verbotenen Zone. In der Küche, wenn es aus allen Pfannen brutzelt und brodelt, ist das Kind unerwünscht. Oder es wird ihm unsanft von der älteren Schwester die Tür vor der Nase zugeschlagen: „Das ist mein Zimmer. Du darfst da nicht herein, sonst machst du alles kaputt."
Wenn es größer wird, beginnt es seinen Einflußbereich auszudehnen. Es will nun seinerseits herausfinden, wie weit es seine Grenzen ausdehnen kann. Logisch, daß dies nicht ohne Reibereien und Konflikte abgehen kann. Für die Eltern sind die Provokationen und Kämpfe, bei denen das Kind schaut, wie weit es (nicht nur im räumlichen Sinn) gehen kann, manchmal ganz schön ermüdend. Aber um die Aufgabe, seinen Kindern Grenzen zu setzen, damit sie an diesen, wie von Leitplanken geführt und gehalten, vorwärtsgehen können, kommt niemand herum.
„Jeder versucht stets, bis an die Grenzen seiner Macht zu gehen", hat der französische Präsident

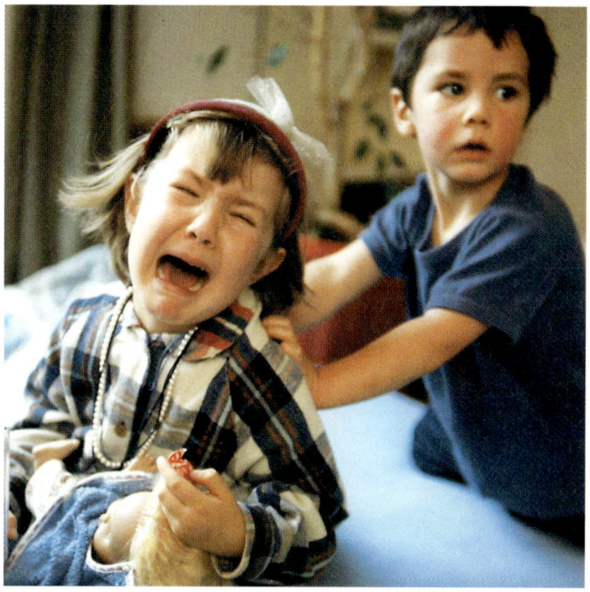

Mitterand gesagt. Das fängt schon bei den Kindern an, wie uns in dieser Fotogeschichte gezeigt wird. Die Matratze im Spielzimmer gehört eigentlich beiden Kindern. Aber Christoph hat sie nun in ein stolzes Schiff verwandelt und will soeben mit vollen Segeln ablegen, als seine Schwester kommt und sich (nichtsahnend) mit Puppe und Zwischenmahlzeit auf dem Kahn niederläßt. Ein spähender Blick durch die Tür – die Luft ist rein – und der Kapitän will den blinden Passagier kurzerhand von Bord werfen. Stefanie erschrickt gewaltig. Sie beschwert sich über die rüde Behandlung. Sie möchte ja nur ein bißchen da sitzen. Aber der Käpt'n hat dafür kein Gehör. Sie soll weg. Stefanie beharrt auf ihrem Platz. Sie könnte jetzt ja zurückschlagen. Aber sie hat die Hände nicht frei. So bleibt sie mit ihrem ganzen Gewicht da hocken, macht sich schwer und greift zur Waffe des Gebrülls.

Der Trick hat (wie meistens) funktioniert. Die Mutter kommt herbei. Die Frage „wer hat recht?" steht jetzt im Raum. Beide haben Platz für sich beansprucht, dummerweise den gleichen. Die Mutter trennt vorerst einmal die beiden, schafft Distanz. In Körpersprache ist die Geschichte jetzt zu Ende. Aber der Konflikt ist natürlich nicht gelöst. Wird Christoph nun getadelt, so werden die schlechten Gefühle in ihm weiterschwelen. Und Stefanie hat, wie ihr aufkeimendes Lächeln zeigt, einen unverdienten Sieg errungen.

Alle Erwachsenen, die mit Kindern zusammen sind, werden über kurz oder lang immer wieder in die

undankbare Rolle des Schiedsrichters gedrängt. Da es dieser erfahrungsgemäß sowieso niemandem Recht machen kann, empfiehlt es sich, den Ball an die Kinder zurückzugeben und nur die Funktion eines Gesprächsleiters (wie im bereits erwähnten Buch „Hilfe, meine Kinder streiten" anschaulich beschrieben) einzunehmen. Denn häufig finden Kinder, wenn die Erwachsenen nicht sogleich den Konflikt abbrechen, ganz überraschende Lösungen, die allen Parteien Spielraum geben.

Seinen Platz finden

Kleine Kinder werden geradezu magisch voneinander angezogen, auch wenn sie sich dann öfter mal das Sandschäufelchen auf den Kopf hauen. Es genügt ihnen häufig, nebeneinander zu sein, jeder für sich etwas spielend, die Nähe des anderen spürend. Sie kraxeln übereinander, grabschen nach den Spielsachen des anderen, alles ist noch zufällig und wenig zielgerichtet.

Agieren in der Gruppe
Es ist keine einfache Sache, sich in einer Gruppe wohlzufühlen. Je nach Stimmung und Sympathien wird einmal eher das Bedürfnis nach Nähe, ein anderes Mal eher nach Distanz überwiegen. Zudem ist auch nicht jeder ein Gruppentyp. Manche Kinder sind eher Einzelgänger, andere wiederum eher leutselig.
Claudia ist traurig (Bild links oben). Sie könnte zwar mitspielen, will aber nicht. Ein Kummer nagt an ihr (so wie sie an ihrer Unterlippe nagt). Sie hat sich abseits der Kindergruppe hingesetzt, eine Stola aus dem Theaterkoffer wie ein Zelt über den Kopf gezogen und die Puppe als Schutzschild vor die Brust gepreßt. Ihre Füße richten sich nach innen, zeigen also an, daß sie keine Lust haben in die Außenwelt zu gehen. Doch wenn Claudia lange genug in Ruhe gelassen wird, wenn niemand sie drängt „willst du nicht mit den anderen schön spielen?", wenn sie ihre inneren Kräfte wieder gesammelt hat, dann wird sie wie gewohnt mit den anderen wieder herumtollen.
Jacqueline (Bild links unten) möchte zwar mitspielen, aber schafft es nicht. Sie hat bis jetzt noch keinen Zugang zur Gruppe gefunden und führt alle Aktivitäten allein aus. Nun hat sie mit den Kissen eine Umrandung gebaut. Das könnte zwar ein schönes Häuschen sein, aber es gleicht eher einem Schloß, in dem sie wie eine verwunschene Prinzessin thront. Ihre Hände suchen beim Mund Trost, die Füße stehen dicht beieinander und aus der Ferne, über ihre selbsterbauten Grenzen hinweg, verfolgt sie sehnsüchtig das ausgelassene Spiel der anderen Kinder. Ohne Vermittlung dürfte es für sie schwierig sein, den ersten Schritt zu machen und aus ihrer so deutlich abgesteckten Isolation zu finden.

Sobald aber die Kinder ihre ersten Schritte auf eine Gruppe von Kindern lenken, werden sie mit Spielregeln konfrontiert. Abstand muß da eingehalten werden, Formalitäten sind zu beachten. Begrüßungen sind allerdings nicht angesagt. Es wird gleich zum Kern der Sache vorgestoßen. Die zentrale Frage heißt: „Darf ich mitspielen?"
Was nun folgt, ein gnädiges Kopfnicken oder ein grober Stoß, wird in Varianten die Gruppenerfahrung durch die ganze Kindheit hindurch bilden. Und wer je in die schmerzliche Rolle des Außenseiters gedrängt wurde, wird dies ein Leben lang nicht vergessen.
Mit zunehmendem Alter werden Kinder immer mehr in Gruppen eingegliedert. Sie gehen in den Kindergarten, in die Schule, in Hobbykurse oder Sportclubs usw. Überall stehen sie vor der Aufgabe, in diesen Gemeinschaften einen Platz für sich zu finden. Sie müssen mit Nähe und Distanz umgehen lernen.
In diesem neuen Umfeld können sie auch nicht immer selbst bestimmen, mit wem sie zusammensein wollen. Für ein Kreisspiel müssen sich alle Kinder an den Händen fassen; in der Schule sitzt man auf engem Raum in den Bänken. Nicht umsonst betrachten viele Lehrer das aufreibende Spiel um Distanz und Nähe als einen wichtigen Teil des Unterrichts: Das Lernen von sozialem Verhalten muß mit Lektionen heutzutage regelrecht eingeübt werden.
Könnte man wie ein Adler über dem Pausenplatz einer Schule kreisen, so wäre von oben deutlich sichtbar, wer zu wem gehört. Da stehen die Kinder in Grüppchen zusammen, dort schlendern ein paar Freunde miteinander herum, da ist eine Bande in ein Spiel vertieft, dort versammelt sich eine Clique, je nach Wichtigkeit einen größeren oder kleineren Abstand um sich verlangend.
Übrigens ist es nicht so, daß je mehr Kinder sich auf demselben Platz aufhalten, desto mehr soziale Interaktionen stattfinden. Von einer kritischen Zahl an, wenn den einzelnen nicht mehr genug „Spiel"-raum bleibt, häufen sich Aggressivitäten, und es finden weniger „richtige" Spiele statt.

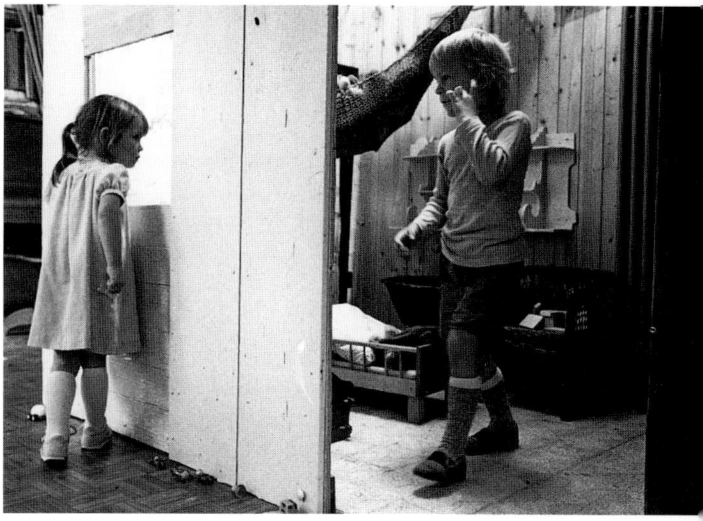

Das Spiel mit der Macht
Diane möchte zwar mitspielen, darf aber nicht. Lukas versperrt mit seiner ganzen Körperfülle den Eingang zur Puppenecke. Sie könnte jetzt versuchen, mit Gewalt einzudringen; aber in Anbetracht von Lukas' Größe, läßt sie das lieber sein. So steht sie nur da, mit hängenden Schultern, ohne sich zu rühren, die Hände abwartend ineinander gelegt, in den Augen die stumme Bitte um Einlaß. Die ganze Verteidigungsbereitschaft von Lukas verpufft bei soviel Friedfertigkeit ins Leere. Und siehe da – er macht einen Schritt zurück, gibt den Eingang frei, streckt die Hand einladend aus und über seine vorher so abweisende Miene zieht ein freundliches Lächeln. Diane, noch etwas zögernd, ein bißchen überrumpelt von ihrem Erfolg, tritt näher heran, löst die Hände und hält die rechte Hand schon halbwegs hin. Und für Lukas hat sich die noble Geste in dreifacher Hinsicht gelohnt: Er hat seine Macht genossen, er hat nun Gesellschaft zum Spielen und obendrein kriegt er ein Stück Zuneigung von Diane.

Das Revier markieren

Sobald sich mehrere Menschen am selben Ort aufhalten, funktioniert die Körpersprache einmal mehr im Dauerbetrieb. Ohne daß wir uns dessen bewußt sind, senden wir nach allen Seiten Signale aus; locken mit einem entwaffnenden Lächeln, entspannter Miene und offener Haltung die uns sympathischen Personen heran. Wollen wir keine Gesellschaft, so macht der Körper „zu". Wie Elvira (Bild unten), mit den vor der Brust gekreuzten Armen, es demonstriert. Sie bilden eine Barriere, die alle wirksam auf Distanz hält. Ungefähr als ob an einem Geschäft ein Schild hängt: „Heute geschlossen". Da geht man ja auch gleich weiter, ohne auch nur zu versuchen, die Klinke herunterzudrücken. Keine Lust zur Kommunikation signalisiert ebenfalls der Kopf. Elvira wendet ihn zur Seite und legt ihn in den Nacken, wie alle Leute, die etwas Besseres sein wollen. Dadurch zeigt das Kinn spitz nach vorn und die Nase hoch in die Luft – da haben wir die Hochnäsigkeit in Person.

„Mit dir will ich nichts zu tun haben", verkündet die Körpersprache von Patricia (Bild rechts) mit den herabgezogenen Mundwinkeln, den verschlossenen Lippen und den wie Jalousien heruntergelassenen Augenlidern. Die Arme stützen sich fest auf den Hüften auf und vergrößern den Raum, den Patricia für sich beansprucht. Und die Ellbogen, diese zwei „Speerspitzen", verraten die Entschlossenheit, das Territorium tapfer zu verteidigen.

Die Intimsphäre

Unser Körper wird von einer fast etwas geheimnisvollen Schicht umgeben; sie ist unsichtbar, besteht aus Luft und hat doch genau respektierte Grenzen – vergleichbar mit dem Luftraum eines Landes, der gegen feindliche Flugzeuge verteidigt wird. Um uns wohl zu fühlen, brauchen wir einen sicheren Abstand zu unseren Mitmenschen.

Ein Beispiel: Die Leute stehen an einer Kinokasse schlange. Nähme man ein Metermaß, so könnte man feststellen, daß die Abstände zwischen den Wartenden alle genau gleich groß sind. Stehen zwei Personen näher beieinander, handelt es sich, von den Umstehenden sofort registriert und respektiert, um Freunde. Kommen mehr Leute hinzu, wird die ganze Menschenschlange zusammenrücken und die Distanz überall (notgedrungen) um gleich viel geringer werden.

Ob im Omnibus, im Flugzeug, im Restaurant oder am Sandstrand, niemand mag es, wenn ihm zu dicht auf die Haut gerückt wird. Auch da gibt es aber wieder beträchtliche kulturelle Unterschiede. So sind zum Beispiel die disziplinierten Engländer, die Weltmeister im korrekten Schlangestehen, viel mehr auf gehörigen Abstand bedacht, als die chaotischen Brasilianer, die keinen Grund für eine Entschuldigung sehen, wenn sie jemandem auf die Zehen treten. Dieser Sicherheitsabstand gewährleistet einen gewissen Verhaltensspielraum, wie wir das aus dem Umgang mit Tieren kennen. Tritt man einem Tier unverhofft zu nahe, und hat es deshalb keine Chance mehr, die Flucht zu ergreifen, so bleibt ihm keine andere Wahl – es muß angreifen. Und auch Kinder wollen, daß man ihren Anspruch auf Distanz beachtet. Sie wollen selber entscheiden, ob sie den Rückzug antreten oder sich auf mehr Nähe einlassen sollen.

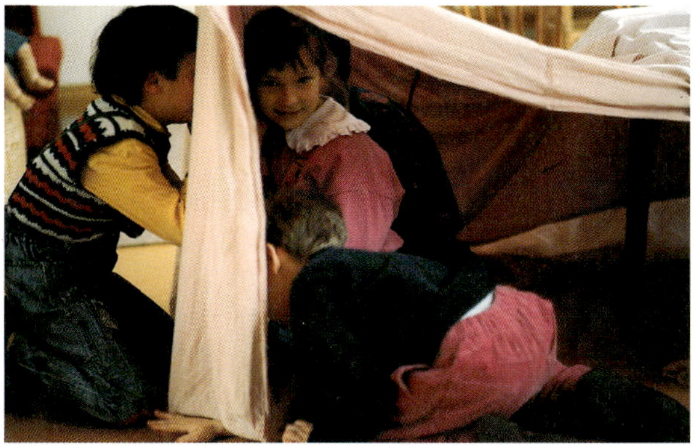

Kinder lieben es, Behausungen zu basteln

Sich an einem Sandstrand einbuddeln und herrlich matschige Mauern aufbauen, aus Kissen und Decken wohlig weiche Kuschelhäuser erstellen oder in luftigem Geäst aus alten Brettern eine Baumhütte zusammennageln; jedes Kind verbringt viel Spielzeit damit, sich ein eigenes Heim zu schaffen.
Es kann auch einfach eine große Schachtel sein – Hauptsache, sie ist zu schließen. Es scheint ein Urbedürfnis zu sein, Schutzwälle gegen außen zu errichten. Sich da drinnen zu verbergen, sich seine ureigene Welt einzurichten. Und die uneingeschränkte Macht genießen – hier bestimme ich. Das „Ich“ bekommt Verstärkung, im wahrsten Sinn des Wortes: „Rücken“-Dekkung, durch die Hausmauern. Und weil jetzt die Grenzen so schön sichtbar sind, braucht keine Energie verschwendet zu werden mit dem Fernhalten von unerwünschten Wesen und es kann voll in die neue Wohnlichkeit investiert werden. Allerlei Eß- und Trinkbares wird angeschleppt, Tischtuch und Geschirr organisiert, Kissen und Tücher ausgebreitet und im geheimnisvollen Schummerlicht der selbstgeschaffenen Häuslichkeit werden die lausigsten Kekse zum Festmahl.
Und was keinesfalls fehlen darf: Ein Fenster oder eine Tür! Was wäre ein Haus, wenn man niemanden hereinlassen oder aussperren könnte. Dazu gehören wollen, anklopfen und in den Kreis aufgenommen werden. Und wenn einem jemand nicht paßt – Türe vor der Nase zumachen! Ein kleines Machtspiel: Du darfst rein oder du bleibst draußen.
Und wenn dann alle Fenster und Läden dichtgemacht sind, wenn sich sogar noch die Hände ins Schachtelhaus (Bild rechts) zurückziehen, dann gönnt sich die Körpersprache endlich auch einmal ein bißchen Ruhe. Unseren Blicken entzogen stellt sie den „Sender“ ab; wenn auch wahrscheinlich nur für kurze Zeit. Denn lange halten es die Kinder im düsteren Schachtelinneren nicht aus; und sich verbergen macht ja keinen Spaß, wenn nicht bald gesagt werden kann, da bin ich wieder!

Bibliographie

Quellennachweis:

Bettelheim, Bruno: Ein Leben für die Kinder, München 1990

Dethlefsen, Thorwald/Dahlke, Rüdiger: Krankheit als Weg, München 1983

Faber, Adele/Mazlish, Elaine: Nun hör doch mal zu!, München 1989

Faber, Adele/Mazlish, Elaine: Hilfe, meine Kinder streiten!, München 1988

Goebel, Wolfgang/Glöckler, Michaela: Kindersprechstunde, Stuttgart 1984

Morris, Desmond: Manwatching, A Field Guide to Human Behavior, Lausanne und London 1977

Kantonale Gehörlosenschule Zürich und Schweizerischer Verband für das Gehörlosenwesen

Röhrich, Lutz: Lexikon der sprichwörtlichen Redensarten, Freiburg 1994

Stellmann, H. M.: Kinderkrankheiten natürlich behandeln, München 1984

Tamaro, Susanna: Geh, wohin dein Herz dich trägt, Zürich 1995

Molcho, Samy: Körpersprache der Kinder, München 1992

Barth, Marcella / Markus, Ursula: Zärtliche Eltern, Zürich 1984

Barth, Marcella / Markus, Ursula Unter Kindern, Zürich 1986

Im Text empfohlene Bücher:

Nun hör doch mal zu!
Elternsprache – Kindersprache
von Faber, Adele/Mazlish, Elaine, Droemersche Verlagsanstalt, München 1989
Über das Erkennen und Anerkennen der Gefühle unserer Kinder mit einem Training für echte Gespräche statt voreiliger Antworten, die das Kind mundtod machen.

Hilfe, meine Kinder streiten!
Ratschläge für erschöpfte Eltern
von Faber, Adele/Mazlish, Elaine, Droemersche Verlagsanstalt, München 1988
Über die Geschwisterrivalität mit einem Training, wie Eltern endlose Streitereien in neue Bahnen lenken können.

Wo die wilden Kerle wohnen von Maurice Sendak, Diogenes Verlag, Zürich 1967
Max ist ein ungestümer Junge und hat nur Unfug im Kopf. Als König der wilden Kerle kann er mit ihnen Krach machen. Als er sich ausgetobt hat, bekommt er Sehnsucht nach seinem Zuhause und wird wieder umgänglich.

Ravensburger®

Ratgeber Familie – rundherum kompetent

Germar Knoche
Alles über Haustiere für Kinder
Dieses Buch hilft bei der Auswahl des richtigen Haustieres, gibt Auskunft über sein Wesen und viele Tips über die Tierhaltung und Pflege.
72 Seiten.
ISBN 3-473-**42692**-X

Gisela Floto/Georg Seter
Alles über Namen für mein Kind
Ein Ratgeber, der ihnen hilft, den passenden Namen für ihr Kind auszusuchen. Mit einer Namensliste von A bis Z und Geschichten darüber, wie Kinder zu ihren Namen gekommen sind.
72 Seiten.
ISBN 3-473-**42694**-6

Elizabeth Fenwick
Alles über Kinderkrankheiten
Ein praktisches Handbuch über Kinderkrankheiten.
79 Seiten.
ISBN 3-473-**42695**-4

Heidi Velten
Alles über Naturkost für mein Kind
Ein Ratgeber, der Eltern hilft, Kindern eine gesunde und trotzdem genußvolle Einstellung zum Essen zu vermitteln.
72 Seiten.
ISBN 3-473-**42693**-8

Ravensburger®